KLEINE AUSZEITEN
IM
-SCHWARZWALD-

KLEINE AUSZEITEN
IM

-SCHWARZWALD-

MARION LANDWEHR

WOCHENEND & WOHNMOBIL

CAMPING- & STELLPLÄTZE · HIGHLIGHTS · AKTIVITÄTEN

BRUCKMANN

INHALT

EINLEITUNG ... 6
Ferienregion Schwarzwald
Das größte Mittelgebirge Deutschlands

1 Hinein ins schöne Murgtal ... 14
Forbach und das wildromantische Schluchtental

2 Im Fachwerk- und Blumendorf ... 26
Sasbachwalden am Westrand des Schwarzwaldes

3 Im Park am Ruhestein ... 38
Unterwegs im Nationalpark Schwarzwald

4 Genuss für Leib und Seele ... 48
Baiersbronn: Mehr Schwarzwald gibt's nirgends

5 Mitten im Nordschwarzwald ... 62
Malerisches und modernes Freudenstadt

6 Der Mittlere Schwarzwald ... 78
Gutach und Triberg im geografischen Zentrum

7 Attraktive Stadt im Doppelpack ... 96
Villingen-Schwenningen im östlichen Schwarzwald

8 Perle im Hochschwarzwald ... 104
Urlaubsparadies Titisee

9 See mit vielen Superlativen ... 118
Kurort Schluchsee am gleichnamigen Stausee

Der Schwarzwald ist ein Paradies für Wohnmobilreisende.

10 Auf dem Schwarzwald-Gipfel 132
Majestätischer Feldberg

11 Aussichtsreicher Panoramaberg 144
Ganzjährige Action auf dem Belchen

12 Die Hauptstadt im Schwarzwald 152
Perfekte Stadt-Natur-Kombi Freiburg

Orts- und Sachregister 166
Impressum 168

FERIENREGION SCHWARZWALD

Das grösste Mittel-gebirge Deutschlands

Natur-Highlight im Südwesten Baden-Württembergs

Auf 11100 Quadratkilometern erstreckt sich die Ferienregion Schwarzwald – das ist eine Menge und diese Fläche beinhaltet Abwechslung, Ursprünglichkeit und Natur, Natur und noch mal Natur …

Der Schwarzwald liegt im Südwesten Baden-Württembergs, ist das meistbesuchte und größte zusammenhängende Mittelgebirge Deutschlands und die wichtigste Tourismusregion des Bundeslandes. Er wird im Westen flankiert von der französischen Grenze und im südlichen Bereich grenzt er an die Schweiz.

Im Nordschwarzwald beherrschen langgezogene Waldberge die Kulisse, im mittleren Schwarzwald sind es breite Wiesentäler und im Südschwarzwald dominieren die baumfreien Bergkuppen mit dem höchsten Vertreter, dem Feldberg mit seinen knapp 1500 Metern. Jede einzelne dieser Regionen ist abwechslungsreich und hat einen hohen Erlebniswert – keine dieser Regionen ist also innerhalb eines Aufenthaltes zu »schaffen«. Schon gar nicht ist es möglich, den gesamten Schwarzwald auf einmal kennenzulernen. Aber das macht auch nichts; wenn man einmal hier war, will man sowieso immer wieder kommen!

Da das Gebiet recht groß ist und so viel zu bieten hat, können nicht alle Randregionen in diesem Reiseführer mitberücksichtigt werden. Das Gebiet für die Touren wird definiert durch die Oberrheinische Tiefebene im Westen, die Linie Karlsruhe-Pforzheim im Norden, den Verlauf der B294 und ab Schiltach der B462 im Osten und die Schweizer Grenze im Süden. Dabei nicht berücksichtigt sind am westlichen Rand die Kurstadt Baden-Baden und Offenburg, das Markgräflerland und der Kaiserstuhl, die südlichsten Städte direkt an der Schweizer Grenze und das Albtal im Norden.

NORDSCHWARZWALD

Zwischen Karlsruhe und Pforzheim im Norden und dem Renchtal und Freudenstadt im Süden erstreckt sich der Nordschwarzwald. Kantige, bewaldete Gipfel charakterisieren diesen Teil des Schwarzwaldes, der sich mit Höhen bis zu 1000 Metern über die Rheinebene erhebt. Die höchste Erhebung ist mit 1164 Metern die Hornisgrinde. Der nördliche Teil ist der waldreichste des gesamten Schwarzwaldes. Etliche Flussläufe durchziehen den Nordschwarzwald, darunter die Murg, die Nagold und die Enz. Auch

◀ Zwei Klassiker: Kuckucksuhr und Walmdachhaus ▶ Eldorado für Radfahrer

diverse Karseen sind typisch für die Region, allen voran der Mummelsee, aber auch der Sankenbachsee, der verwunschene Wildsee am Ruhestein oder der abgelegene Huzenbacher See.
Einer der beliebtesten Orte des Schwarzwaldes überhaupt ist der Tourismusmagnet Baiersbronn (nach Fläche immerhin die zweitgrößte Stadt Baden-Württembergs nach Stuttgart!), bekannt unter anderem für seine Spitzengastronomie. Im Nordschwarzwald befindet sich seit 2014 der anfangs sehr umstrittene Nationalpark Schwarzwald (siehe Ziel 3). Es ist der erste Nationalpark Baden-Württembergs, er liegt zwischen dem Murgtal und der Schwarzwaldhochstraße.

MITTLERER SCHWARZWALD

Zwischen den Südausläufern des Kniebis und dem Renchtal bis kurz vor Freiburg reicht das Gebiet des Mittleren Schwarzwaldes. Das Kinzigtal dominiert die Mitte der Mitte zwischen Offenburg im Westen und vorbei an vielen Nebentälern, schmucken Städtchen und verträumten Orten sowie abgelegenen Schwarzwaldhöfen bis tief hinein in den Schwarzwald mit Schiltach und Schramberg als östlicher Grenze.
Hier sind es mehr die schmalen Bergrücken, fast schon zierlich gegen die kantigen Pendants im Nordschwarzwald. Talsohlen und hügelige Hochtallandschaften kennzeichnen das Landschaftsbild. Eines der vielen Highlights sind die Triberger Wasserfälle, ihres Zeichens höchste und bekannteste Wasserfälle Deutschlands.
Die Fachwerkstädtchen Gengenbach, Wolfach oder Schiltach brillieren mit ihren malerischen Hausfassaden. Der Bollenhut, Symbol des Schwarzwaldes, kommt ebenso aus dem Mittleren Schwarzwald wie die Kuckucksuhr, ebenfalls ein Klassiker aus dem Schwarzwald.

SÜDSCHWARZWALD

Der Südschwarzwald ist der höchste Teil des Schwarzwaldes - mit einem Hochgebiet, von dem die Täler ausgehen. Die Gipfel des Feldberges, des Belchen und des Schauinsland überragen die Rheinebene mit Höhenlagen bis zu 1500 Metern. Im Südschwarzwald gibt es mit dem 2016 geschaffenen Biosphärengebiet und dem Naturpark Südschwarzwald geschützte Naturräume. Der Waldanteil ist bei weitem nicht so hoch wie im Mittleren und vor allem nicht wie im Nordschwarzwald.
Für den Südschwarzwald Highlights zu benennen, ist ein schwieriges Unterfangen, denn der ganze Süden ist ein einziges Highlight. Wo anfangen? Freiburg ist als Stadt die Perle des Schwarzwaldes, die beiden lieblichen Bergseen Titisee und Schluchsee sind zu Recht touristische Magnete, die Wutachschlucht ist ein Naturspektakel und der Feldberg als höchster Berg Baden-Württembergs ist sowieso eine Attraktion für sich. Subalpin geht es hier zu und wem das nicht reicht, kann sich am Fernblick auf die Alpen, die Vogesen und den Mont Blanc erfreuen.
Zahlreiche Freizeitaktivitäten, Kultur und Tradition machen den Südschwarzwald neben den charmanten Städten und der sanften Natur zu einem wunderbaren Ausflugsziel.

CHARAKTERISTIKA

Fünf Dinge sind es, die mehr als alles andere den Schwarzwald symbolisieren: der Bollenhut, die Kuckucksuhr, der Schwarzwälder Schinken sowie die Schwarzwälder Kirschtorte und das Schwarzwaldhaus.

◀ Schwarzwälder Schinken und Kuckucksuhren ... ▶ ... sind Markenzeichen.

Natur genießen, Seele baumeln lassen – Schwarzwald als ideales Campingziel

Der Bollenhut ist ein Strohhut mit aufgesetzten Bommeln aus Wolle, der seit etwa 1800 zur Tracht der Frauen gehört und aus dem Mittleren Schwarzwald stammt (ausführlich hierzu Ziel 6), aber inzwischen zum Symbol des gesamten Schwarzwaldes geworden ist.
Weltruhm hat die Kuckucksuhr erlangt, deren Gehäuse-Grundform ein Häuschen mit Schrägdach ist, mehr oder weniger reich verziert mit geschnitzten Holzornamenten. Ein mechanischer Kuckuck, der hinter einer Tür oberhalb des Zifferblattes angebracht ist, schwingt meist zu jeder vollen Stunde aus der Tür und gibt die Stundenanzahl mit Kuckucksrufen an.
Die kulinarische Köstlichkeit Schwarzwälder Schinken ist seit 1997 als regionale Herkunftsangabe geschützt. Es handelt sich um einen knochenlosen, geräucherten Rohschinken. Um den Schinken als Schwarzwälder Schinken verkaufen zu dürfen, muss er im Schwarzwald hergestellt, geschnitten und verpackt werden.
Ebenfalls lecker und eine Institution ist die Schwarzwälder Kirschtorte, eine Sahnetorte, die mit einem Kirschwasser-aromatisierten Schokobiskuitboden, einer Kirschfüllung, Sahne, Kirschen und Schokoraspeln als Verzierung ausgestattet einen Kalorienangriff startet.
Unendlich malerisch präsentieren sich die typischen Schwarzwaldhäuser, erkennbar an dem an den Seiten weit herabgezogenen Walm- oder Krüppelwalmdach, das von der Firstsäule getragen wird. Es handelt sich dabei um ehemalige Wohnstallhäuser, die besonders im Südschwarzwald verbreitet sind.

TOURISTISCHE STRASSEN

Es gibt zwei dominante Fernstraßen im Schwarzwald, beide ein Traum für Wohnmobilfahrer: die Schwarzwaldhochstraße (B500), die in Baden-Baden beginnt, dann steil den Hauptkamm des Nordschwarzwaldes erklimmt, den Mummelsee passiert und mit ihm die Hornisgrinde, den höchsten Berg im Nordschwarzwald, tangiert. Das Naturschutzzentrum mit dem Verwaltungssitz des Nationalparks am Ruhestein liegt ebenfalls am Streckenverlauf, bevor es über die Höhenzüge des Schliffkopfs vorbei am Kniebis geht und die Straße schließlich in Freudenstadt endet. Über 60 Kilometer weit führt sie vorbei an sehenswerten Dörfern und durch unberührte Natur.

Das Schwarzwälder Symbol Kuckucksuhr rückt auf der Deutschen Uhrenstraße in den Vordergrund. Hier wird der Fokus zwar auf die Zentren der Schwarzwälder Uhrenherstellung gelegt, beispielsweise mit der weltgrößten Kuckucksuhr in Schonach, dennoch verbirgt sich auch viel Natur links und rechts der Straßenführung. So liegen beispielsweise die Triberger Wasserfälle und der Titisee direkt an der Deutschen Uhrenstraße. Die Ferienstraße startet im Mittleren Schwarzwald, durch den sie eine Schleife zieht, und führt bis nach Lenzkirch im Süden.

GUTE INFRASTRUKTUR FÜR WOHNMOBILISTEN

Nahezu flächendeckend stehen im Schwarzwald Stell- und Campingplätze zur Verfügung. Unterschiedlich ausgestattet sind einige von ihnen so schön, dass man buchstäblich die Qual der Wahl hat, wo man stehen möchte. Sei es der Platz in einem waldigen Tal direkt am Bach oder direkt am Ufer des Titisees oder Schluchsees oder sei es der Stellplatz mit einem Rundumblick auf Wiesen – man möchte am liebsten jede Nacht umziehen, um in den Genuss jedes Platzes kommen zu können. Meist ist es sinnvoll und empfehlenswert, den Platz im Voraus zu reservieren, denn immerhin haben wir es hier mit einer der beliebtesten Tourismusregionen Deutschlands zu tun. Das bedeutet vor allem für die Sommermonate und rund um die Highlights, dass es schon mal voll werden kann. Auch wenn man aus diesem Grund die Sommermonate nach Möglichkeit meiden sollte, sind doch gerade diese besonders schön, wenn die drückende Sommerhitze durch die gute Schwarzwaldluft abgemildert wird.

AKTIVITÄTEN

Auf der Liste möglicher Freizeitaktivitäten steht ganz oben das Wandern. Der Schwarzwald, egal welche Region, ist ein Wanderparadies sondergleichen. Und das das ganze Jahr über! Was darf's sein: badische Weinhänge am Westrand, hohe Gipfel oder doch lieber tiefe Schluchten? So vielseitig die Naturlandschaft ist, so vielfältig sind die Angebote für Wanderer. Etliche Panoramawege, viele davon prämiert, verteilen sich auf den Schwarzwald. Jeder einzelne ist ein Erlebnis – aber es muss kein prämierter Weg sein. Eigentlich ist jede Wanderung jedweder Länge etwas ganz Besonderes. Und immer mit dabei: die herrliche Schwarzwaldluft!

Der Schwarzwaldverein prüft und wartet das fast 24 000 Kilometer umfassende Netz an Wanderwegen regelmäßig. Und das merkt man auch. Sei es die Picknickbank mit Ausblick, die zuverlässige Ausschilderung oder die an den richtigen Stellen platzierten Holzbrückchen in einer Schlucht – man kann sich unbesorgt auf jeden Weg einlassen. So kann man sich auf die unverfälschte Natur konzentrieren, die Flora und Fauna entdecken und Entspannung und Abenteuer gleichermaßen finden.

Die malerische Landschaft lässt sich natürlich auch bestens mit dem Fahrrad erkunden. Ob mit dem klassischen Fahrrad, dem Mountainbike oder einem modernen E-Bike – auf zwei Rädern sieht man noch viel mehr von der atemberaubenden Natur und kann sich ganz einfangen lassen von den hohen Gipfeln und tiefen Schluchten.

Im Winter wird das ganze Sortiment an Winteraktivitäten geboten: Langlauf, Abfahrtski, Winterwandern, Schneeschuhwandern und Rodeln. Vorausgesetzt natürlich, es ist Schnee vorhanden. In den meisten Wintersportgebieten stehen künstliche Beschneiungsanlagen zur Unterstützung bereit.

Im Sommer laden nicht nur die Flüsse und zahlreichen Kneippanlagen zu einer Erfrischung ein, sondern auch die zahlreichen Seen – ganz vorne seien natürlich auch hier wieder der Titisee und der Schluchsee genannt. Der Schwarzwald verfügt aber auch über eine große Bandbreite an Schwimmbädern; sowohl Freibäder als auch Hallenbäder und einige Erlebnisbäder sind vorhanden.

Spielt das Wetter einmal nicht so mit, kann man einem der zahlreichen Museen mit besonderen Schwerpunkten einen Besuch abstatten. Auch Bergwerke, Freilichtmuseen und Klöster laden zu einer Besichtigung ein.

◀ Viele Vergünstigungen gibt es mit Gästekarten. ▶ Typisches Walmdachhaus

BONUSKARTEN

An den meisten Campingplätzen erhält man für die Übernachtungsgebühr eine der Gästekarten, die im Schwarzwald verbreitet sind. Die KONUS-Gästekarte gilt als Freifahrt-Ticket für Busse und Bahnen kreuz und quer durch den Schwarzwald unabhängig vom jeweiligen Verkehrsverbund (ww.schwarzwald-tourismus.info/planen-buchen/konus-gaestekarte). Mit der SchwarzwaldCard erhält man bei etlichen Attraktionen freien Eintritt an drei frei wählbaren Tagen im Jahr (www.schwarzwald-tourismus.info/planen-buchen/schwarzwaldcard). Dann gibt es noch die Hochschwarzwald Card, die ebenfalls freien Eintritt zu über 100 Attraktionen gewährt (www.hochschwarzwald.de/card).

Die Karte SchwarzwaldPlus (www.schwarzwaldplus.de) kann für Ermäßigungen und freie Eintritte rund um Baiersbronn eingesetzt werden und die Gutachtal-Card (www.gutach-schwarzwald.de/tourismus/gutachtal-card) ermöglicht Vergünstigungen im Mittleren Schwarzwald. Lokale Karten einzelner Städte (beispielsweise Freiburg und Bad Dürrheim) ergänzen das Angebot.

Es lohnt sich, den Campingplatzbetreiber auf eine der Bonuskarten anzusprechen. Manche Campingplätze werben auch im Internet damit, eine der genannten Karten zur Verfügung zu stellen.

HINEIN INS SCHÖNE MURGTAL

Forbach und das wild-romantische Schluchtental

Das Wiedenbachtal ist ein Seitental des Murgtals und ebenso malerisch.

1

Der Luftkurort Forbach zeichnet sich durch zwei Dinge aus: die zahlreichen Wander- und Freizeitaktivitäten im und rund um den Ort und seine Lage am Flüsschen Murg, dem wir im Nordschwarzwald des Öfteren begegnen werden. Dieses Ziel ist ein Traum für alle Naturliebhaber, denn viel anderes gibt es hier nicht ...

Wie die meisten Städtchen entlang der B462, die sich kurvenreich und landschaftlich traumhaft schön das Murgtal hinaufwindet, bietet auch **Forbach** einen pittoresken Gesamtanblick. Weithin sichtbar ist die neuromanische Kirche, die das Bild dominiert. Man kann das Wohnmobil am Bahnhof parken und ans Ufer der Murg gehen. Dann fällt auch schnell der Blick auf das Kleinod der Ortschaft, die **historische Holzbrücke**. Sie prägt als überdachte Holzbrücke mit einem besonderen Brückenbogen das Ortsbild der Schwarzwald-Gemeinde. Denn sie wurde, 1778 fertiggestellt, auf einer Länge von knapp 38 Metern ohne Mittelpfeiler erbaut und ist somit die längste stabile freitragende überdachte Holzbrücke Europas. Fahrzeuge unter drei Tonnen dürfen die Brücke befahren. Nach einem Abbau der alten Brücke in den 1950er-Jahren wurde sie originalgetreu wiederaufgebaut und im Jahr 1955 feierlich eingeweiht.

Im Ortsteil Bermersbach befindet sich das Murgtal-Mueseum im ehemaligen Schulhaus und präsentiert ein Klassenzimmer der alten Dorfschule, Leben und Wohnen in früheren Zeiten, einen Dorfkrämerladen sowie Freizeit- und Handwerkstätigkeiten. Das soll es aber mit dem Sightseeing gewesen sein – Forbach lädt zum **aktiven Urlauben** ein. Ein umfangreiches Rad- und Wanderwegenetz umgibt den Ort, viele Themenwege stehen auch Familien mit Kindern zur Verfügung, man kann Kajak fahren oder sich an einem Murg-Rafting probieren, auch eine Flussbettwanderung mit Einstieg am Bahnhof von Forbach ist möglich. Steine und Felsbrocken sowie Gumpen machen den Weg durch den Fluss zu einer sportlichen und landschaftlich reizvollen Herausforderung.

Wer sich nicht auf eigene Faust den Weg durch den Fluss suchen möchte, kann dies unter fachkundiger Leitung tun. Beispielsweise führt das Unternehmen Adventure World/Murgtal-Arena mit Sitz in Bad Herrenalb Besucher durch das Flussbett, bietet aber auch Kajakkurse und Rafting und für besonders Wagemutige Gleitschirm-Tandemflüge an.

1

FORBACH LIEGT AM WUNDERSCHÖNEN RADWEG Tour de Murg. Das ist ein Weg, der am Stadtbahnhof von Freudenstadt (siehe Ziel 5) startet (oder endet) und offiziell bis zum Bahnhof nach Rastatt führt (oder dort startet). Da sich aber der spektakulärste Streckenabschnitt zwischen Forbach und Freudenstadt befindet, wird der Schwerpunkt auf diesen Teil gelegt. Es geht mal rechts, mal links der Murg entlang, in einem stetigen (und teils heftigen) Auf und Ab werden viele Höhenmeter bewältigt, aber die Landschaft entschädigt für alle Mühen. Ein spezieller Tipp ist es, eine der beiden Strecken mit der Karlsruher Stadtbahn zu fahren – das Mitnehmen eines Fahrrades ist problemlos möglich. Sowohl talauf- als auch talabwärts ist der Weg gut ausgeschildert.

◀ Eine Flusswanderung durch die Murg ist ein Abenteuer! ▲ Malerisch ist sowohl die neuromanische Kirche … ▼ … als auch die historische Holzbrücke.

Herrlich schlängelt sich der Fluss Murg durch das von ihm geschaffene Tal.

Sowohl für sportlich aktive Urlauber als auch für Genießer ist das **Montana-Badezentrum** eine Empfehlung. Ausgestattet mit einem Nichtschwimmerbecken, einem Schwimmerbecken (beide sind über einen Schwimmkanal miteinander verbunden) und einem Sprungbecken mit Ein- und Dreimeterbrett sowie Liegewiesen, Sonnenterrasse, Kneippbecken und Spielflächen ist das schön angelegte Freibad ein Ausflugsziel für die ganze Familie.
Übrigens wird es ab Sommer 2021 in Forbach-Herrenwies im denkmalgeschützten ehemaligen Rossstall des Forsthauses Herrenwies mit dem **Nationalparkzentrum** ein Besucherzentrum des Nationalparks Schwarzwald geben (siehe auch Ziel 3). Dort kann man sich über den Nationalpark informieren, sich bezüglich Touren und Wanderungen beraten lassen und nach Veranstaltungen erkundigen.

DAS MURGTAL

Früher spielte der Fluss Murg eine wichtige Rolle als Handelsstraße für die Holz-Flößerei. Das geschlagene Holz wurde über die Murg transportiert, getrocknet und zu größeren Flößen montiert. Dann hat man es auf dem Rhein nach Mannheim und von dort teilweise bis in die Niederlande geflößt. Heute ist das Murgtal ein gut erschlossenes und sehr romantisches Tal, das als eins der größten und tiefsten mitten hinein in den Schwarzwald führt. Es gliedert sich in die Tallandschaften **Oberes Murgtal** im Bereich Baiersbronn (siehe Ziel 4) – hier prägen Auen und Wiesen das Landschaftsbild –, das **Mittlere Murgtal** rund um Forbach mit zahlreichen Waldschluchten und das **Untere Murgtal** mit richtig tiefen Schluchten und Gernsbach als Zentrum. Ab Kuppenheim fließt die Murg durch die Rheinebene und mündet schließlich bei Steinmauern in den Rhein.

▲ Ganzjahresziel Schwarzenbachtalsperre ▼ Auf der Schwarzwaldhochstraße

Wild und romantisch präsentieren sich Tal und Fluss, oft malerisch umgeben von schroffen Felsen, imposanten Wäldern und weiten Ebenen mit Streuobstwiesen. Schnuckelige Schwarzwald-Ortschaften schummeln sich dazwischen und sorgen für zusätzliche Abwechslung. Eine Fahrt mit dem Wohnmobil durch das Murgtal ist ein Erlebnis und man sollte ausreichend Zeit dafür einplanen. Sowohl fürs Aussteigen, um die einzigartige Atmosphäre zu genießen und Relikte wie alte Mühlen zu bewundern (die Zeit scheint an manchen Stellen einfach stehengeblieben zu sein), als auch zum Wandern. Oder um die Gegend per Fahrrad zu erkunden – zum Beispiel auf Teilstrecken der Tour de Murg (siehe Tipp).

1

STAUSEE IN TRAUMLAGE

Luftlinie ist sie nur einen Katzensprung entfernt, aber auch mit dem Wohnmobil innerhalb einer Fahrt von nur zehn Minuten zu erreichen: die **Schwarzenbachtalsperre**. Der Stausee dient der Stromgewinnung. 668 Meter hoch gelegen zwischen dem Murgtal und der B500 (als Schwarzwaldhochstraße bekannt) und umrahmt von den Bergen des Schwarzwaldes, ist der See ein beliebtes Ziel und bei schönem Wetter bevölkert von Ausflüglern (allen voran Motorradfahrern). Dann stehen Bootfahren, Wandern, Radfahren und Baden auf dem Programm. Auch im Winter hat die Schwarzenbachtalsperre ihren Reiz, sodass sie ein lohnendes Ganzjahresziel darstellt. Die 400 Meter lange Mauerkrone kann begangen werden. An einem Kiosk befindet sich ein hübscher Badeplatz. Baden ist weder ausdrücklich erlaubt noch verboten, sondern wird vielmehr auf eigene Verantwortung geduldet. Manchmal gibt es einen Blaualgenbefall im See, dann wird auf Hinweisschildern davor gewarnt und das Baden verboten. Von Mai bis Oktober kann man nahe der Staumauer an einem Anlegesteg Tretboote und Elektroboote ausleihen.

EIN 6,5 KILOMETER LANGER Wanderweg umrundet einmal komplett den Stausee der Schwarzenbachtalsperre. Auf der nördlichen Uferseite geht man direkt am See entlang, auf der südlichen Seite führt der Weg durch den schattigen Wald. Auf Informationstafeln erfährt man Interessantes über die Baugeschichte der Talsperre und die Technik der Stromgewinnung.

FREIZEITANLAGE AN DER SCHWARZWALD-HOCHSTRASSE

Ist man schon mal an der Schwarzenbachtalsperre, sind es über den Mini-Ort Herrenweis nur zehn Kilometer bis zum **Mehliskopf** (von Forbach aus sind es 19 Kilometer). Im Zentrum des Interesses steht der knapp über 1000 Meter hohe Berg Mehliskopf im Hauptkamm des Nordschwarzwaldes. Oberhalb der Schwarzwaldhochstraße gelegen, ragt der östliche Teil des Berges schon in das Terrain des Nationalparks Schwarzwald hinein (siehe Ziel 3).

Auf dem Gipfelplateau befindet sich der steinerne Mehliskopf-Turm. Das ist ein elf Meter hoher Aussichtsturm mit einer überdachten Aussichtsplattform aus Holz. Vom Parkplatz des Freizeitzentrums Mehliskopf aus erreicht man den Turm in einem zwei Kilometer langen Fußmarsch.

Der Trubel an diesem Schwarzwaldberg spielt sich jedoch definitiv an dessen Nordflanke ab, nämlich beim **Freizeitzentrum Mehliskopf**. Bestehend aus einer Bobbahn, Downhill-Carts und einem Klettergarten sowie einem Snowpark, einem Skihang mit Liften und zahlreichen Skiwanderwegen ist die Anlage ein Ganzjahresziel. Highlight ist sicherlich die **Bobbahn**, bei der man auf einer Bahnlänge von 1,3 Kilometern mit Geschwindigkeiten von bis zu 40 Stundenkilometern auf stählernen Schienen und durch zahlreiche Steilkurven bergab brettert.

In sieben Parcours unterschiedlicher Schwierigkeitsgrade von Baum zu Baum klettern kann man im Klettergarten, der für jeden Übungsgrad geeignet ist (Kinder ab sechs Jahren). Ein großer Spaß ist die Downhill-Fahrt in einem Bullcart - das sind spezielle Dreiräder, die man per Schlepplift bequem bergauf transportiert bekommt und mit denen man auf einer eigenen Piste hinabsausen kann. Es geht 400 Meter bergauf und 500 Meter bergab.

Wer noch nicht genug ausgepowert ist, kann sich am Bungee-Trampolin austoben oder sich ein Mountainbike ausleihen. Die Lage des Freizeitzentrums inmitten des Bike-Wegenetzes Murg-Enz bietet zahlreiche Möglichkeiten.

VIER NATUR-HIGHLIGHTS

Zur Entspannung geht es nun noch einmal zurück in die Natur. Vier ganz besondere Leckerbissen hat die Region zu bieten: Das sind der Wildnispfad an der Schwarzwaldhochstraße, die Badener Höhe, die Gertelbach-Wasserfälle und der Geroldsauer Wasserfall.

Das erste dieser Ziele, der **Wildnispfad**, liegt ganz nahe beim Freizeitzentrum Mehliskopf an der Schwarzwaldhochstraße. Dieser Pfad hat es in sich und ist ein Abenteuer für Groß und Klein. Denn ein schmaler Weg führt im wahrsten Sinne des Wortes über Stock und Stein durch den Wald, über querliegende Baumstämme oder unter ihnen hindurch und steile Treppen oder Leitern müssen bewältigt werden. Ein Adlerhorst mit Aussichtsplattform ist der Höhepunkt der Wanderung durch die Wildnis. Warum hier

▲ Rasante Kart-Abfahrt am Mehliskopf ▼ Klettergarten am Mehliskopf
▶ Der Adlerhorst ist das Highlight des Wildnispfades.

alles der Natur überlassen wird? Orkan Lothar fegte 1999 durch diesen Wald und riss einen großen Teil der uralten Bäume um. Seitdem entwickelt sich der Wald ohne menschliches Zutun neu und überall sprießt neues Leben. Informationstafeln begleiten den Weg und erläutern das Konzept. Die gesamte Streckenlänge beträgt 4,5 Kilometer, man kann den Weg jedoch auf 2,8 beziehungsweise 3,5 Kilometer abkürzen. Da es mitunter wirklich unwegsam zugeht, sollte man den zeitlichen Aufwand nicht unterschätzen. Außerdem sollte im hölzernen Nest des Adlerhorstes unbedingt eine Picknickpause eingelegt werden.
Hinweis: Der Weg ist für ganz junge Kinder nicht geeignet, da eine gute Kondition für die Bewältigung der natürlichen Hindernisse nötig ist. Das Wohnmobil kann man am Parkplatz Plättig auf der dem Einstieg gegenüberliegenden Straßenseite der Schwarzwaldhochstraße parken.

◀ Aussichtsturm auf der Badener Höhe ▶ Wilde Gertelbachschlucht

Vom Mehliskopf über den Ort Herrenwies fährt man, wenn man zur **Badener Höhe** möchte. Das ist der Name eines knapp über 1000 Meter hohen Berges auf den Gemarkungen von Baden-Baden und Forbach innerhalb des Nationalparks Schwarzwald und oberhalb des Forbacher Ortsteils Herrenwies. Highlight ist der auf dem Gipfelplateau thronende **Friedrichsturm**, ein 34 Meter hoher Steinturm, dessen Grundstein 1890 von Großherzog Friedrich I. von Baden höchstpersönlich gelegt wurde, 1891 weihte er den nach ihm benannten Turm ein. Über 168 Stufen erreicht man eine eiserne Kuppel, von der aus sich ein sensationeller Blick über den Nordschwarzwald ergibt, bei gutem Wetter sogar bis zur Rheinebene, zu den Vogesen und zum Pfälzerwald. Für ein Picknick stehen eine Schutzhütte sowie Bänke und Tische zur Verfügung. Man erreicht die Badener Höhe zu Fuß oder mit dem Mountainbike.

Der kürzeste Fußweg zur Badener Höhe und zum Friedrichsturm startet am Parkplatz des ehemaligen Kurhauses Sand an der Schwarzwaldhochstraße; von hier aus sind es 3,5 Kilometer bis zum Aussichtsturm. Eine anspruchsvollere Alternative ist es, ab dem Ortszentrum von Herrenwies zum Aussichtsturm zu wandern, dann beträgt die Wegstrecke 8,5 Kilometer.

Einen Katzensprung vom Mehliskopf entfernt befindet sich die wildromantische **Gertelbachschlucht** mit den **Gertelbach-Wasserfällen**. Ausgangspunkt ist der Wiedenbach-Parkplatz. Über das Wiedenbachtal gelangt man hinein in die Schlucht, durch die sich ein schmaler Pfad über Stege, Stufen und verwitterte Holzbrückchen schlängelt. Der Weg führt mal links, mal rechts am Gertelbach entlang. Im spektakulärsten Teil der Klamm stürzt sich in mehreren Stufen Wasser über riesige und mit Moos bewachsene Granitblöcke. Einen Rundweg kann man aus der Tour machen, wenn man von den oberen Gertelbach-Fällen über das Hotel Wiedenfelsen (sehr empfehlenswert ist der Ausblick vom Wiedenfelsen) und dem Paradiesweg der gelben Raute folgend weiterwandert. Es geht zur Hertahütte, dann zum Waldgasthaus Kohlbergwiese mit Biergarten und dann über den Talweg zurück zur Autostraße und zum Parkplatz Wiedenbach. Diese große Runde ist elf Kilometer lang und beinhaltet 377 Höhenmeter.

Ein verwunschenes Kleinod ist der **Geroldsauer Wasserfall**. Ein angenehmer Spaziergang durch ein wildromantisches Bachtal führt dorthin; er ist 1,5 Kilometer lang (einfacher Weg) und es sind nur 100 Höhenmeter zu bewältigen. Urwaldähnlich führt der Fußpfad über Stege und kleine Brückchen durch die kühle Schlucht des Grobbachs, weshalb dieser Weg vor allem im Hochsommer eine Empfehlung ist. Startpunkt ist der Waldparkplatz Geroldsauer Wasserfall. Highlight ist der Grobbach, der sich über eine neun Meter hohe Stufe als Geroldsauer Wasserfall eindrucksvoll in die Tiefe stürzt. Während der Blütezeit wird der Wasserfall von blühendem Rhododendron eingerahmt.

Kurz nach dem Wasserfall gibt es die Möglichkeit, sich in der Waldgaststätte Bütthof zu stärken, bevor es auf demselben Weg zurück zum Parkplatz geht. Von Forbach aus gelangt man in einer 30-minütigen, kurvenreichen Fahrt in nordwestliche Richtung zum Ausgangspunkt der Wanderung. Rund um den Gasthof gibt es weitere Wanderungen.

AUF EINEN BLICK

Info

STADT/REGION: Forbach/Landkreis Rastatt
BESTE REISEZEIT: Mai–Oktober
OPTIMALE REISEDAUER: 2–3 Tage
TOURIST-INFO: Tourist-Info Forbach, Landstraße 27, 76596 Forbach, Tel. 07228/390, Tourist-Info@forbach.de, www.forbach.de

SEHENSWÜRDIGKEITEN

MURGTAL-MUSEUM: Kirchstraße 15, 76596 Forbach, Tel. 07228/7 88, info@murgtalmueseum-bermersbach.de, www.murgtalmuseum-bermersbach.de
ADVENTURE WORLD MURGTAL-ARENA: Schwimmbadstraße 29, 76332 Bad Herrenalb, Tel. 0783/932 47 99, info@murgtal-arena.de, www.murgtal-arena.de
MONTANA-BADEZENTRUM: Murgtalstraße 1A, 76596 Forbach, Tel. 97228/24 02
BOOTSVERLEIH SCHWARZENBACHTALSPERRE: Tel. 0151/53 75 77 05, www.schwarzenbach-bootsverleih.de
FREIZEITZENTRUM MEHLISKOPF: Schwarzwaldhochstraße/ Am Stadtwald 4, 77815 Sand bei Bühl/Baden, Tel. 07226/13 00, mail@mehliskopf.de, www.mehliskopf.de

CAMPINGPLATZ ERBERSBRONN

ADRESSE: Erbersbronn 18, 76596 Forbach, Tel. 07228/774, camping.spissinger@gmx.de, www.campingplatz-erbersbronn.de
ANFAHRT: Von Forbach über die B462 in südliche Richtung fahren. Nach 6 km links abbiegen, dann wieder nach links der Straße nach Erbersbronn folgen, der Campingplatz liegt links der Straße.
GPS: N 48°37‘54“, E 08°18‘58“
Ruhige, abgeschiedene und daher sehr idyllische Lage an einem Bach. Gute Ausstattung mit Waschmaschine und Trockner, Ver- und Entsorgung, Stromanschlüsse, Grillplatz, Tischtennis und Kinderspielplatz. Viele Dauercamper. Der Platz wird freundlich und familiär geführt. Morgens Brötchenservice. Schmale und kurvenreiche Zufahrtsstraße.

▲ Abgeschieden: Camping Erbersbronn ▼ Stellplatz Am Rappenfelsen

WOHNMOBILSTELLPLATZ AM RAPPENFELSEN FORBACH

ADRESSE: Murgtalstraße 1, 76596 Forbach, Tel. 0172/742 06 14

ANFAHRT: Über die B462 in den Ort Forbach hineinfahren und 500 m nach dem Montana-Badezentrum links auf die Murgstraße abbiegen und sofort wieder links auf die Murgtalstraße. Der Stellplatz folgt in einer Kurve (linke Straßenseite).

GPS: N 48°41'20", E 8°21'44"

Wohnmobilstellplatz der Extraklasse: Zentral gelegen, aber trotzdem schöner Platz mit Blick über das Tal, sehr gute Ausstattung mit WLAN, Ver- und Entsorgung, Stromanschlüssen, Frischwasser und sogar Brötchen- und Gasflaschenservice. Gute Ausgangslage für alle Aktivitäten in und um Forbach, Supermarkt und Restaurants in der näheren Umgebung, Bahnhof in 400 Metern. Nette Betreiber, die immer ansprechbar sind. Stellplätze sind asphaltiert.

IM FACHWERK- UND BLUMENDORF

Sasbachwalden am Westrand des Schwarzwaldes

◀ Historische Mühlen sind das Markenzeichen von Ottenhöfen. ▲ Fachwerkort Sasbachwalden ▼ Genuss mit Ausblick im Biergarten des Restaurants Spinnerhof

2

Entlang einer sieben Kilometer langen Panoramastraße erstreckt sich der Ferienort Sasbachwalden mit seinen Fachwerkhäusern, den Restaurants, Gasthöfen und Weingütern und den umgebenden Obstbaumwiesen, Weinbergen und Kastanienwäldern. Bis hinauf zur Hornisgrinde reicht diese sagenhafte Ferienregion.

Sasbachwalden hat an sich schon viel zu bieten, doch auf dem Weg »nach oben« zur Hornisgrinde reihen sich Naturerlebnisse aneinander, die allesamt einen Ausflug wert sind. Der Ferienort am Westrand des Schwarzwaldes bietet hierfür einen guten Ausgangspunkt, sodass man nach der Besichtigung des zauberhaften Ortes in die Natur eintauchen kann.

SCHWARZWÄLDER WEINDORF

Wein, Blumen, Fachwerk, Kultur und Kulinarik – auf weniger kann man den im Ortenaukreis gelegenen Ort Sasbachwalden nicht beschränken! Überzeugen wir uns selbst von der Vielfalt und brechen auf zu einem Ortsrundgang. Der Ortskern ist von **Fachwerkhäusern** geprägt, den besten Blick über dieses denkmalgeschützte Ensemble genießt man von den umgebenden Weinbergen aus, insbesondere vom **Aussichtspunkt Münsterblick**.

Tipp

Einen sehr schönen Eindruck von Sasbachwalden und den genannten Sehenswürdigkeiten erhält man auf einem 2,8 Kilometer langen Stadtspaziergang, der am Kurhaus Zum Alde Gott startet und dort wieder endet. Eine knappe Stunde Zeit sollte man dafür kalkulieren. Unter www.sasbachwalden.de/Natur-Panoramen/Ortsrundgang-durch-Sasbachwalden kann man ein detailliertes PDF mit den Tourdaten und den interessanten Punkten herunterladen oder sich alternativ bei der Tourist-Info Sasbachwalden informieren.

Das **Kurhaus Zum Alde Gott** beherbergt die Tourist-Info Sasbachwalden und bietet neben einem Restaurant Kultur in Form von Konzerten, Kleinkunst und Theater. Hinter dem Kurhaus schließt sich der **Sonnengarten** an, das ist der obere Kurpark. Er lädt zum Relaxen oder zu einem Pick-

Schnaps ist ein großes Thema in und um Sasbachwalden.

nick ein – für beides stehen Sonnenliegen sowie Tische und Stühle bereit. Highlight der katholischen **Pfarrkirche Heilige Dreifaltigkeit** ist der barocke Hochaltar aus dem frühen 18. Jahrhundert mit der Darstellung der Heiligen Dreifaltigkeit und von Marias Krönung. Die schlichte, im romanischen Stil erbaute Kirche war einst eine Wallfahrtskirche.

Mitten im Ort liegt an der Talstraße der **City-Schnapsbrunnen** … Das ist ein Brunnen, in dem gekühlt diverse Schnaps- und Likörsorten liegen und darauf warten, probiert zu werden. Um das hochprozentige Getränk besser genießen zu können, kann man sich auf Fässern als Sitzgelegenheit niederlassen. Alle Schnäpse kosten 0,80 Euro, der Betrag wird in eine bereitstehende Kasse entrichtet. Der jederzeit frei zugängliche Schnapsbrunnen ist gut ausgeschildert und befindet sich schräg gegenüber der Hornisgrinde Apotheke und auf der anderen Seite der Talstraße – dort die Rampe hinaufgehen zu dem lauschigen Plätzchen. Ganz in der Nähe kann man sich auch am **Schnapsbrunnen im Fass** an Schnaps und Weinbrand gütlich tun. Hier gibt es in einem überdimensionierten Fass, in dem auch Sitzplätze bereitstehen, Liköre, Weinbrand und Kirschwasser zum Testen. Im Umkreis von Sasbachwalden locken weitere Schnapsbrunnen in teils höchst idyllischer Lage – es sind so viele, dass ihnen eine eigene Internetpräsenz gewidmet ist: www.sasbachwalden.de/Feste-Traditionen/Unsere-Schnapsbrunnen.

Und da wir schon beim Alkohol sind: Die Lage am Westrand des Schwarzwaldes ist sonnig und so gedeihen auf den Granit- und Schieferwitterungsböden hervorragende Weine. Eine weit über die Landesgrenze hinaus bekannte Winzergenossenschaft ist die **Alde Gott Winzer Schwarzwald eG** - ihre Spätburgunder zählen zu den höchstprämierten Deutschlands. Man kann sich im Rahmen einer Weinverkostung selbst davon überzeugen und alle Weine und Schnäpse natürlich auch kaufen. In ansprechendem Ambiente werden die Weine im Verkaufsraum präsentiert und neben einer professionellen Beratung darf man probieren, was man da kauft. Im Ort bieten weitere Güter preisgekrönte Weine an.

MAN KÖNNTE DIE ALDE GOTT PANORAMARUNDE auch einfach Schnapsbrunnenweg nennen - das trifft es genauso gut. Denn auf dem 9,8 Kilometer langen Schwarzwälder Genießerpfad laden neben eindrucksvollen Panoramablicken ein paar Schnapsbrunnen zu einem Stopp ein. Es geht einmal rund um Sasbachwalden und hinein in die Weinberge, Wiesen und Wälder. Wer etwas Festes im Magen haben möchte, dem stehen einige Einkehrmöglichkeiten zur Verfügung. Die im folgenden beschriebene Friedenskapelle ist ein Wegpunkt der Wanderung. Startpunkt ist der Schnapsbrunnen im Fass. Man sollte beim Schnapskonsum beachten, dass bei einem stetigen Auf und Ab 430 Höhenmeter bewältigt sein wollen.

Das beheizte **Erlebnisfreibad Sasbachwalden** in wunderschöner Lage erfreut kleine und große Badegäste mit Schwimmer- und Nichtschwimmerbecken, einem Sprungturm und - besonders für Jugendliche ein Magnet - einer 56 Meter lange Riesenrutsche. Eine Liegewiese mit Spielflächen, Tischtennis und ein Kiosk runden das Angebot des Freibades ab. Entfernen wir uns ein wenig vom Ortskern und begeben uns mitten hinein in die Natur. Da seien zuvorderst die nahe zum Ortskern gelegenen **Gaishöll-Wasserfälle** genannt. In einer wilden Schlucht stürzt sich kaskadenartig der Brandbach ins Tal hinab. Von Sasbachwalden aus gesehen führt ein sehr empfehlenswerter Wanderweg 242 Höhenmeter (und über 13 Brückchen) hinauf zum Ortsteil Bischenberg/Hörchenberg. Eine Rundweg-Variante wäre zum Beispiel die 4,9 Kilometer lange **AugenBlick-Runde**, die am Kurhaus Zum Alde Gott startet und weiter durch den oberen Kurpark und das Wohngebiet bis zum Einstieg in die Gaishöll-Schlucht führt. Nun beginnt der schönste Teil über einen schmalen Pfad entlang der Wasserfälle das enge Tal hinauf. Der Weg durch die Klamm endet an der Bergstraße, von wo aus man Richtung Tal und über einen Wiesenweg und vorbei an der Straubenhofmühle wieder in den Ort wandert. Verlässt man die Schlucht am oberen Ende, lohnt sich ein Abstecher zum **AugenBlick am Hörchenberg**, einem besonders schönen Aussichtspunkt mit Sitzbank, Tisch und Panoramakarte.

Ein Ort der Stille und des Friedens, garniert mit einer wunderbaren Aussicht, ist die **Friedenskapelle Sankt Katharina**. Erst 2013 eingeweiht, steht die Kapelle in einer Traumlage mit herrlichem Blick in die Ortenau. Besonders sehenswert sind neben dem Glockenturm und dem goldenen Kreuz die Glasfenster der Kapelle, die dem Innenraum bei einfallendem Sonnenlicht eine fröhliche Atmosphäre verleihen. Jede Darstellung auf diesen kunstvoll gefertigten Fenstern hat eine Bedeutung. Neben Gottesdiensten finden regelmäßig auch Konzerte, Lesungen und andere Veranstaltungen in der Kapelle statt.

Die Alde-Gott-Panoramarunde führt auch durch die Weinberge.

Tipp

Direkt unterhalb der romantischen Kapelle kann man hervorragend im Restaurant Spinnerhof einkehren (Am Schlossberg 8, 77887 Sasbachwalden, Tel. 07841/36 09). Neben der feinen badischen Küche und dem sehr netten Service lässt sich bei einem guten Glas Wein und einem leckeren Essen vor allem der Sonnenuntergang genießen. Am besten einen Tisch draußen und in vorderster Reihe zum Sonnenuntergang reservieren!

Ebenso hoch oben thront auf einer Waldlichtung die geheimnisumwobene **Burgruine Hohenrode**, auch **Brigittenschloss** genannt. Sie stammt aus dem 11. Jahrhundert, liegt auf 760 Meter ü. NN. und bietet eine sensationelle Aussicht in die Rheinebene und bis zu den Vogesen.

ENTLANG DER PANORAMASTRASSE

Kurvenreich geht es nun nicht nur bergauf, sondern auch mitten hinein in das Herz des Nordschwarzwaldes. Der Panoramastraße folgend erreichen wir zunächst den Luftkurort **Seebach** – da der nahe Mummelsee zur Gemarkung Seebach zählt, auch Mummelseedorf genannt. Der Kurort ist umgeben von fantastischer Natur, weswegen Wanderfreunde und Aktivurlauber hier besonders gut aufgehoben sind. Wandern, Nordic Walking und Mountainbiken im Sommer sowie Langlauf im Winter machen Seebach zu einem Ganzjahresziel.

Weiter geht es Richtung Schwarzwaldhochstraße und zur Ortschaft **Ottenhöfen**. Auch dieser Luftkurort inmitten des Achertals ist sehr reizvoll, seine Gehöfte verteilen sich auf mehrere Seitentäler. Den vielen restaurierten Mühlen auf der Ortsgemarkung hat Ottenhöfen den Beinamen Mühlendorf zu verdanken. Auf dem zwölf Kilometer langen **Mühlenweg** kann man sieben Mühlen bewundern, die teilweise noch voll funktionsfähig sind. Auch landschaftlich ist dieser Rundweg sehr attraktiv. Die Wanderung beginnt beim Bahnhof/Kurgarten und führt entlang der Acher und in einige der Seitentäler.

Das idyllisch gelegene **Naturerlebnisbad** ist mit seinen naturnah angelegten Becken, dem Nichtschwimmerbecken mit Wassergrotte, dem Planschbecken für die Kleinen und der Rafting-Rutsche und dem Sprungbecken für die Jugendlichen ein Ziel für alle Altersklassen.

2

Es sind jedoch vor allem zwei Highlights, die einen Stopp in Ottenhöfen zu einem Erlebnis machen: die Edelfrauengrab-Wasserfälle und der Karlsruher Grat. Beide sind innerhalb einer Wanderung miteinander kombinierbar – diese Wanderung ist ein Muss im Nordschwarzwald!

DIE WANDERUNG ZU EDELFRAUENGRAB-WASSERFÄLLEN und Karlsruher Grat ist kein Sonntagsspaziergang, aber ein Erlebnis. Gutes Schuhwerk mit ausgeprägtem Profil, Trittsicherheit und Schwindelfreiheit sind vonnöten, denn der Karlsruher Grat ist ein alpiner Klettersteig. Parken kann man auf dem Wanderparkplatz bei den Edelfrauengrab-Wasserfällen in Ottenhöfen. Der erste Teil des Weges ist noch sehr beschaulich, denn nach einer romanischen Steinbrücke folgt der Einstieg ins Gottschlägeltal. 1,4 Kilometer lang zieht sich der Weg entlang der kaskadenartigen Wasserfälle über Brücken und Treppen, dabei werden die ersten 180 Höhenmeter überwunden. Oben angekommen, wird man an einem Getränkebrunnen mit einem Bier oder einer gekühlten Cola belohnt. Nach der Stärkung folgt der alpine und herausfordernde Teil der Wanderung. Nach rechts zweigt der Weg zum Karlsruher Grat ab, einem Klettersteig, der es durchaus mit einem Pendant in den Alpen aufnehmen kann. Zum Teil auf allen vieren und mit Einsatz der Hände bewältigt man den Felsgrat, auf dessen rechter Seite sich der Abgrund befindet, links geht es relativ sanft in den Wald über. Das heißt, wer sich nicht zu nah am Abgrund bewegen möchte, kann in Waldnähe ausweichen und trotzdem alle Ausblicke vom Grat aus genießen. Es gibt auch immer wieder die Möglichkeit, auf den parallel verlaufenden Umgehungsweg in den Wald umzusteigen. Schließlich gelangt man nach 800 Metern Kraxelei ans Bosensteiner Eck, von wo aus es mehrere Rückwegoptionen gibt: denselben Weg oder den Umgehungsweg oder den in einem weiten Bogen an der südlichen Seite des Hauptkamms verlaufenden Weg, der an der Getränkestation wieder auf den Hinweg trifft. Bei der letzten Variante legt man 7,6 Kilometer zurück bei 533 Höhenmetern.

◀ Ziemlich anspruchsvoll: der Karlsruher Grat ▶ Verwunschener Mummelsee

HOCH HINAUS

Nach dem besonderen Abenteuer Edelfrauengrab-Wasserfälle und Karlsruher Grat scheint die Natur kaum noch zu toppen zu sein. Und dennoch stehen mit dem Seibelseckle und dem Mummelsee noch zwei Highlights der Region auf dem Programm. Hierzu geht es zunächst kurvenreich weiter bergauf, bevor die Straße an der Kreuzung mit der Schwarzwaldhochstraße direkt auf das Seibelseckle trifft.

Im Sommer kann man sich auf einem ausgeprägten Wanderwegenetz austoben – viele Wege starten hier oder führen am Seibelseckle vorbei. Eine Rasthütte versorgt ganzjährig die Gäste mit einem breiten Angebot vom kleinen Vesper bis zu leckeren Eintöpfen, Kaffee und Kuchen. Auf dem großen Parkplatz kann problemlos ein Wohnmobil jeder Länge geparkt werden.

Nur 1,5 Kilometer vom Seibelseckle entfernt und der Schwarzwaldhochstraße nach Westen folgend gelangt man an den **Mummelsee**. Das ist ein Karsee, der auf einer Höhe von 1028,5 Metern liegt. Er ist mit einer Gesamtfläche von 3,7 Hektar nicht riesengroß, ist aber ein gut besuchtes Ausflugsziel – die günstige Lage direkt an der Schwarzwaldhochstraße, die Idylle, die er vermittelt, und die Freizeitaktivitäten, die er bietet, rechtfertigen seine Beliebtheit.

Malerisch ruht der See, der in der letzten Eiszeit vor 10 000 Jahren entstanden ist, in eine runde Gletschermulde gebettet und umgeben von dichtem Nadelwald. Ein knapp 1 Kilometer langer Spaziergang führt um den See, immer direkt am Ufer entlang. Man kann den Mummelsee aber auch mit einem der Tretboote erkunden, die hier verliehen werden. Außerdem zweigt vom Uferweg ein neu angelegter Kunstpfad ab. Eine Einkehr in das gemütliche Berghotel mit verschiedenen Themen-Restaurants, einer Außenterrasse und einem Biergarten sowie einer Ladenzeile mit typischen Schwarzwald-Produkten oder der Besuch im Bauernladen, wo man dabei zusehen kann, wie Brot im Holzofen gebacken wird, runden den Ausflug ab ...

Es sei denn, man möchte noch etwas höher hinaus auf den höchsten Berg des Nordschwarzwaldes und bei der Gelegenheit einen Blick aus der Vogelperspektive auf den sagenumwobenen Karsee werfen. Die 1163 Meter hoch gelegene **Hornisgrinde** ist ein langgestreckter Bergrücken, auf dessen südlicher Gipfelseite sich der **Hornisgrindenturm** befindet, der für einen kleinen Obolus täglich außer montags von 10.30 bis 17 Uhr bestiegen werden kann. Der 23 Meter hohe Aussichtsturm befindet sich bei der Grinde-Hütte, wo man bei herrlichem Ausblick eine Rast einlegen kann. Auf dem höchsten Punkt der Hornisgrinde thront der kleinere **Bismarckturm**, der über eine Außentreppe jederzeit frei zugänglich ist. Es ist ein ehemaliger Signalturm. Wenn man schon einmal hier oben ist, sollte man auf keinen Fall einen Spaziergang auf dem **Grindenpfad** verpassen. Der Naturlehrpfad führt über ein Hochmoorgebiet und gibt auf zwölf Informationstafeln Auskunft über Flora und Fauna sowie über das Klima dieses besonderen Hochmoors. Der Grindenpfad ist 3 Kilometer lang und führt zum Teil über einen Bohlenweg.

◀ Es klappert die Mühle am rauschenden Bach! ▶ Steinerner Bismarckturm

◀ Der Hornisgrindenturm ▶ Hochmoor Hornisgrinde

NICHT GANZ ANSPRUCHSLOS ist der Genießerpfad Mummelsee-Hornisgrindepfad, der jedoch alle Attraktionen rund um den Mummelsee und die Hornisgrinde in sich vereint. Los geht's beim Parkplatz vom Seibelseckle zunächst durch den Wald und stetig ansteigend parallel zur Schwarzwaldhochstraße. Wir gelangen zum Berghotel Mummelsee, von wo aus wir Richtung Westen und über den Katzenkopf den Aufstieg zur Honrisgrinde in Angriff nehmen. Man erreicht den Gipfel mit der Grinde-Hütte und dem Aussichtsturm. Nach einer Einkehr oder einem Picknick an den Tischen und Bänken am Aussichtsturm geht es über den Bismarckturm zur Ostkante der Hornisgrinde und an dieser entlang mit Ausblicken in den sogenannten Biberkessel. Es folgt der Bohlenweg durch das Hochmoor auf dem Hochplateau mit herrlichen Ausblicken in die unberührte Natur. Über diesen Weg wird der Dreifürstenstein erreicht, dieser markiert den höchsten Punkt des früheren Herzogtums Württemberg. Ein schmaler, steiler und landschaftlich sehr reizvoller Pfad führt bergab und zurück zum Seibelseckle. 6,7 Kilometer lang ist diese Tour, 272 Höhenmeter sind zu schaffen und es stehen mehrere Rast- und Einkehrmöglichkeiten zur Verfügung. Für eine kürzere Variante kann man übrigens das Seibelseckle auslassen, startet am Berghotel und folgt dem Wanderweg von der Grinde-Hütte direkt zum Mummelsee zurück. Das verkürzt die Tour inklusive Abstecher zum lohnenswerten Mummelseeblick auf 4 Kilometer.

AUF EINEN BLICK

Info

STADT/REGION: Sasbachwalden/Ortenaukreis
BESTE REISEZEIT: Mai–September
OPTIMALE REISEDAUER: 2–3 Tage
TOURIST-INFO: Tourist-Info Sasbachwalden (Kurhaus Zum Alde Gott), Talstraße 51, 77887 Sasbachwalden, Tel. 07841/10 35, info@sasbachwalden.de, www.sasbachwalden.de
Tourist-Info Seebach, Ruhesteinstraße 21, 77889 Seebach, Tel. 07842/94 83 20, tourist-info@seebach.de, www.seebach-tourismus.de
Tourist-Info Ottenhöfen, Großmatt 15, 77883 Ottenhöfen, Tel. 07842/804 44, info@ottenhoefen.de, www.ottenhoefen.de

SEHENSWÜRDIGKEITEN

ERLEBNISFREIBAD SASBACHWALDEN: Talstraße 53, 77887 Sasbachwalden, Tel. 07841/69 90 41
NATURERLEBNISBAD OTTENHÖFEN: Hasenwald 6/1, 7783 Ottenhöfen, Tel. 07842/14 99, www.ottenhoefen.de/de/leben/naturerlebnisbad

CAMPINGPLATZ GRÄSSELMÜHLE

ADRESSE: Blumberg 1, 77880 Sasbach, Tel. 0160/405 82 59, camping.obersasbach@gmail.com, www.camping-obersasbach.de
ANFAHRT: Von der Ortsmitte bzw. dem Kurhaus der Talstraße in nordwestliche Richtung folgen (geht über in die Sasbachwaldener Straße). Nach 2 km auf den Blumenweg abbiegen, der Campingplatz liegt gleich auf der linken Seite.
GPS: N 48°37‘29“, E 08°06‘19“
Viel Natur – das zeichnet den Campingplatz in Obersasbach bei Sasbachwalden aus. Gecampt wird auf einer Wiese und in einem kleinen Park unter altem Baumbestand, der Sasbach fließt frei zugänglich mitten durchs Gelände. Das alles ist so verwunschen, wie es klingt, dennoch ist alles vorhanden, was man braucht (Duschen, Aufent-

haltsraum, zwei Spülküchen, Waschmaschine und Trockner, WLAN im Aufenthaltsraum). Der Platz wird familiär geführt und ist bewusst im Retro-Stil gehalten. Sasbachwalden ist gut mit dem Bus (Bushaltestelle vor der Zufahrt zum Platz) erreichbar. Nur für Campingbusse und kleinere Wohnmobile (Höhe unter 2,80 Meter) geeignet.

◀ Ein lauschiger Platz: Camping Grässelmühle ▶ Stellplatz Alde Gott

WOHNMOBILSTELLPLATZ SASBACHWALDEN BEI DER ALDE GOTT WINZER SCHWARZWALD EG

ADRESSE: Talstraße 2, 77887 Sasbachwalden, Tel. 07841/202 90, info@aldegott.de, www.aldegott.de/de/wohnmobilstellplatz.html

ANFAHRT: Von der Ortsmitte bzw. dem Kurhaus der Talstraße in nordwestliche Richtung folgen, der Stellplatz folgt nach 750 m linkerhand hinter der Winzergenossenschaft.

GPS: N 40°37'30", E 8°07'20"

Zwischen Bach und Kastanienwald befindet sich der Stellplatz in idyllischer Lage mit 33 Stellplätzen hinter der Alde Gott Winzer eG. Gepflegter, ruhiger Platz von viel Grün umgeben und mit tollem Blick auf das Fachwerk des Ortes und die Weinberge. Das Ortszentrum von Sasbachwalden mit Gastronomie und Versorgungsmöglichkeiten ist nur wenige Schritte entfernt. Am Platz vorhanden sind Wasser, Ver- und Entsorgung und Stromanschlüsse (kostenpflichtig). Auch für sehr große Wohnmobile gut geeignet.

IM PARK AM RUHESTEIN

Unterwegs im Nationalpark Schwarzwald

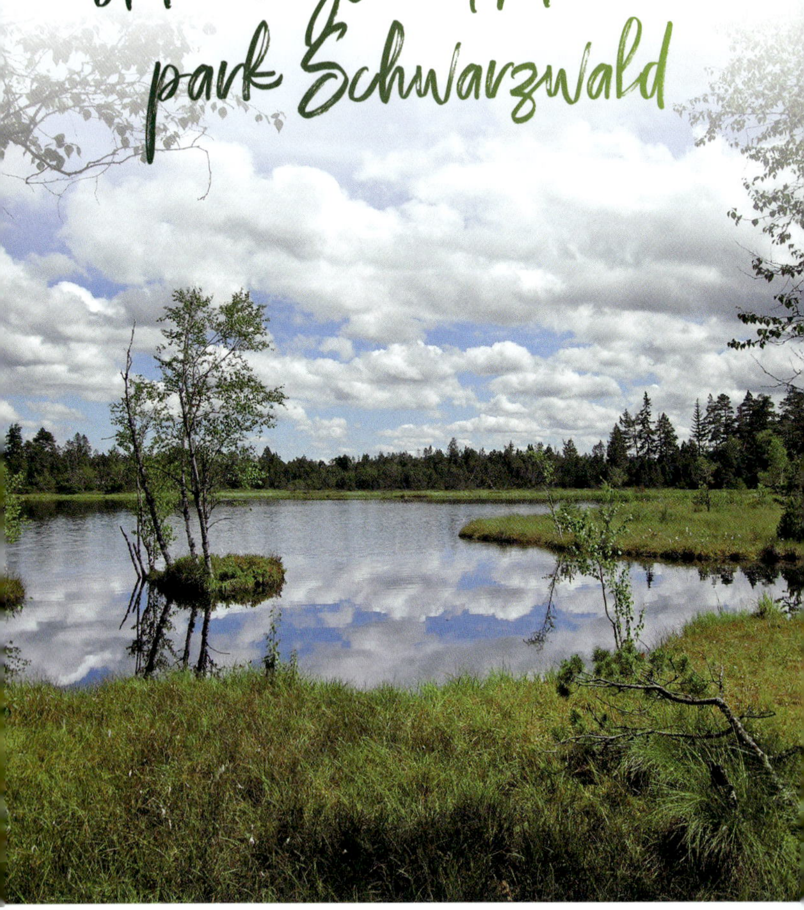

Charakteristisch für das Nationalparkgebiet ist die Grindenlandschaft.

3

Der erste Nationalpark in Baden-Württemberg war lange Zeit politisch umstritten. 2014 wurde der 100 Quadratkilometer große Park am Hauptkamm des Nordschwarzwaldes schließlich gegründet. Das Nationalparkzentrum befindet sich am Ruhestein, der auch geografisch den Mittelpunkt der Parkfläche bildet.

Zwischen Murgtal (siehe Ziel 1) und der Schwarzwaldhochstraße liegt der Nationalpark im Naturpark Schwarzwald Mitte/Nord. Zwar gehen Teile des Nationalparks auch bis zum Mehliskopf und bis zur Schwarzenbachtalsperre (beides Ziel 1), aber der größere Teilbereich des Nationalparks erstreckt sich rund um den Ruhestein - bis hinüber zum Dreifürstenstein in der Gipfelregion der Hornisgrinde (siehe Ziel 2) und zum Schliffkopf. Hinweis: Auf dem Gebiet des Nationalparks ist nach 20 Uhr das Abstellen von Wohnmobilen auf den Parkplätzen grundsätzlich nicht gestattet.

AUSFLUGSZENTRUM RUHESTEIN

Was genau aber stellt man sich nun vor unter dem mehrfach genannten **Ruhestein**? Zunächst einmal bezeichnet der Ruhestein eine Passhöhe auf 912 Metern ü. NN. zwischen dem Murgtal und dem Achertal an der Kreuzung der Schwarzwaldhochstraße mit der Verbindungsstraße zwischen Baden-Baden und Freudenstadt (siehe Ziel 5).
Der Ruhestein als Ausflugszentrum ist deshalb so beliebt, weil er ein Ganzjahresziel darstellt. Im Sommer bietet er unzählige Wandermöglichkeiten zu teils verwunschenen und abgelegenen Orten wie dem **Wildsee** (auch **Wilder See**), der auf einer Höhe von 910 Metern fernab jeder Zivilisation einsam in einen Bannwald eingebettet liegt.
Eine Wanderung führt vom Parkplatz des Ruhesteins (problemloses Parken für ein Wohnmobil) zunächst steil den Hang hinauf, denn auf einer Hochebene entlang mit einem Ausblick auf den tief unten liegenden Wildsee bei der Euting-Grabstätte. Schließlich geht es über einen schmalen, steilen und teils unwegsamen Pfad hinab zum See, an dessen Ufer man innehalten und vielleicht ein mitgebrachtes Vesper einnehmen sollte. Vom Ruhestein aus sind das 3,2 Kilometer einfache und sehr lohnenswerte Wegstrecke. Wer den etwas steileren Aufstieg gleich am Beginn der Wanderung scheut, kann hierfür den **Sessellift** in Anspruch nehmen - im Winter fungiert er

als Schlepplift für Skifahrer und Snowboarder, an der Talstation gibt es ein gastronomisches Angebot. Der Wildsee wird oft als Aushängeschild des Nationalparks bezeichnet; die Stimmung, die der eiszeitliche Karsee inmitten des 100 Jahre alten Baumbestandes ausstrahlt, ist von einer wohltuenden Ruhe und Stille geprägt.

Etwas weiter und anspruchsvoller, aber dafür mit einer sehr schönen Einkehrmöglichkeit verbunden ist der Weg über die **Darmstädter Hütte** (auch vom Seibelseckle aus möglich, siehe Ziel 2). Mit der schönen Aussichtsterrasse ist das Gasthaus inmitten der Bergwelt nicht nur für sich alleine ein schönes Ziel – die Hütte ist eine Institution in der Region. Neben leckeren Speisen, Kaffee und Kuchen bietet sie auch Übernachtungsmöglichkeiten. Vom Ruhestein aus ist die Darmstädter Hütte auf direktem Weg in 2,2 Kilometern erreicht. Sie liegt außerdem inmitten einiger Wanderwege, darunter auch der Fernwanderweg Westweg.

◀ Beliebtes Ausflugsziel Darmstädter Hütte ▲ Schilder weisen darauf hin, wo der Nationalpark beginnt. ▼ Das neue Nationalparkzentrum

3

NATIONALPARKZENTRUM

»Eine Spur wilder« – das ist das Motto des neuen Nationalparkzentrums am Ruhestein. Das dieses Motto symbolisierende Gebäude wurde im Oktober 2020 nach knapp vierjähriger Bauzeit offiziell übergeben und öffnet seit Frühjahr 2021 (Corona-bedingt) schrittweise seine Pforten für Besucher. Das ehemalige Informationszentrum, das in dem fotogenen, denkmalgeschützten Jugendstilgebäude Villa Klumpp untergebracht ist, beherbergt nun nur noch die Verwaltung des Nationalparks.

Im Rahmen einer Dauerausstellung erhalten Besucher im Nationalparkzentrum Einblick in die Geologie sowie die Tier- und Pflanzenwelt der Region. An interaktiven Stationen lernen nicht nur Kinder die Welt des Nationalparks kennen. Mitarbeiter geben Tourentipps, Besucher erhalten außerdem Informationen zu Veranstaltungen, die meist von Rangern durchgeführt werden und können sich mit Flyern und Kartenmaterial einen Überblick über den Nationalpark verschaffen.

Nicht zuletzt dient das Nationalparkzentrum mit seiner Erlebnisausstellung, der Wechselausstellung, dem Café und dem Kino als Anlaufpunkt bei schlechtem Wetter.

Schon rein äußerlich ist das Gebäude, an dem lange gebaut wurde, ein Blickfang – es stellt übereinanderliegende Stämme und Äste mit Holz aus Schwarzwaldtannen und damit eine natürliche Waldsituation dar. Das Konzept ist der Gewinnerentwurf eines Architektenwettbewerbs mit 160 Vorschlägen.

Zum Programm des Nationalparkzentrums gehören Führungen, mehrtägige Veranstaltungen mit Übernachtung, Seminare, Vorträge, Wanderungen sowie Kinder-, Jugend- und Familien-Veranstaltungen. Die Angebote gibt es das ganze Jahr über.

SÜDLICH GELEGENE KLEINODE

An der Schwarzwaldhochstraße und auf dem Gebiet des Nationalparks liegt der 1054 Meter hohe Berg **Schliffkopf**. Oben thront ein Vier-Sterne-Wellness-Hotel, das mit einer schönen Aussicht punktet. Für Naturliebhaber interessant ist die typische urwüchsige, nicht bewaldete Landschaft des Grindenschwarzwaldes. Ein großer Bereich der Gipfelregion des Schliffkopfes besteht aus Hochmoor und ist als Naturschutzgebiet ausgewiesen.

3

Auch auf dem Schliffkopf finden sich Spuren des Orkans Lothar; ähnlich dem Wildnispfad (siehe Ziel 1) gibt es den 2003 eröffneten **Lotharpfad**, ein Walderlebnis- und Naturlehrpfad, auf dem man die Spuren der Verwüstung des Orkans nachvollziehen kann. Denn die Natur wurde auch hier sich selbst überlassen, nachdem der Sturm eine tiefe Schneise in den Wald geschlagen hat. Der Lotharpfad zeigt, mit welcher Kraft der Wald neu entsteht und Flora und Fauna sich neue Lebensräume schaffen. Dabei geht es über Stege, Leitern und Treppen und auf eine Aussichtsplattform, von der aus man Fernblicke über die Höhenrücken des Schwarzwaldes genießen kann. Der Weg ist nur 900 Meter lang und beinhaltet wenige Höhenmeter. Startpunkt ist der Parkplatz Lotharpfad etwa 3 Kilometer südlich des Hotels Schliffkopf an der B500; der Weg ist ausgeschildert.

Tipp

Bei einer Führung über den Lotharpfad mit einem Nationalpark-Ranger erleben Sie die neu entstandene Natur nicht nur intensiver, sondern Sie erfahren auch viel Interessantes über den Orkan und das Schutzgebiet. Informationen erhält man beim Nationalparkzentrum am Ruhestein oder unter www.nationalpark-schwarzwald.de.

Folgt man der Schwarzwaldhochstraße weiter in südöstliche Richtung, gelangt man zum Ausgangspunkt einer kurzen Wanderung zum **Buhlbachsee**. Er ist neben dem Wildsee (siehe Ziel 2) ein weiterer Karsee auf Nationalparkgebiet. Neben dem Zugang von der Schwarzwaldhochstraße (zwei Kilometer langer Fußmarsch mit steilen Etappen ab dem Parkplatz Schwarze Lache auf der gegenüberliegenden Straßenseite) ist der Buhlbachsee auch von Baiersbronn-Buhlbach (siehe Ziel 4) auf einem traumhaft schönen Weg oder auch vom Parkplatz Lotharpfad im Rahmen einer größeren Wanderung erreichbar.
Der romantische See liegt im südlichen Nationalparkgebiet im Buhlbachtal am obersten Talschluss des Buhlbachs. Der fast kreisrunde See wird umrahmt von bis zu 120 Meter hohen Karwänden. Das Besondere am Buhlbachsee ist eine kleine Moorinsel. Im Sinne des Nationalparkkonzepts ist das Begehen von Wegen, die nicht explizit als Wander- oder Radwege ausgewiesen sind, nicht erlaubt. Ein ganz neues Wegekonzept zeigt den

▲ Grindenlandschaft auf dem Schliffkopf ◀ Über Stock und Stein geht es auf dem Lotharpfad … ▶ … mit Blick auf die Verwüstungen durch den Orkan.

Besuchern, welche Wege wann begangen werden dürfen und welche nicht. Damit sollen unter anderem Rückzugsorte für Vögel geschaffen werden – von Ruheliegen aus kann man sie dann beobachten.
Vom Ruhestein aus Richtung Südwesten trifft man mit den **Allerheiligen-Wasserfällen** auf etwas ganz Besonderes. Sie rauschen über sieben Kaskaden fast 90 Meter in die Tiefe und zählen zu den schönsten und höchsten naturbelassenen Wasserfällen des Schwarzwaldes. Der Weg durch die von Bergen eingerahmte und vom Lierbach geschaffene Schlucht ist ebenso malerisch wie abenteuerlich – er führt über zahlreiche, mitunter lange Treppen und über Brücken an den Wasserfällen entlang beziehungsweise

über sie hinweg. Schroffe Felswände, mitgerissene Baumstämme und verstreute Steinblöcke verleihen der Szenerie etwas Wildes, Unberührtes. Im Sommer ist die kühle Klamm ein besonders beliebtes Ausflugsziel.

Am oberen Ende der Schlucht befindet sich mit der **Klosterruine Allerheiligen** ein weiteres Highlight. Das zwischen 1191 und 1196 gegründete Stift war zeitweise Wallfahrtsort, 1657 wurde es zur Abtei erhoben. Im Jahr 1804 wurde das Gebäude von einem Blitz getroffen und dabei fast völlig zerstört. Die heutige Ruine ist das malerische Relikt der Folgen des Blitzeinschlages. Sehenswert und einen geruhsamen Spaziergang wert sind auch die Klostergärten mit ihren angelegten Wasserbecken.

Tipp

Die Klosterruine ist jährlich Spielort für Freilicht-Aufführungen der Freien Bühne Oppenau. Vor dieser außergewöhnlichen Naturkulisse stehen von Stücken für Kinder und Familien bis hin zu Krimis und den Klostergemäuern angemessenen sakralen Stücken eine große Vielfalt an Darbietungen auf dem Programm. Dieses findet man unter www.freie-buehne.de, wo man auch Karten reservieren kann.

Auf dem Schliffkopf liegt einem der Nordschwarzwald zu Füßen.

Mitten in der Ursprünglichkeit der Natur: der Buhlbachsee, ein Karsee

Im indes völlig intakten Klosterhof Allerheiligen kann man einkehren und sich stärken und/oder im Informationszentrum unterhalb der Ruine im ehemaligen Gesindehaus Antworten auf alle Fragen erhalten. Außerdem erhalten sind Teile des Langhauses, der Vorhalle und auch die ehemalige Sakristei und der Kreuzgang sind zum Teil unversehrt.

UM ALLERHEILIGEN-WASSERFÄLLE UND KLOSTERRUINE perfekt in einer Wanderung zu kombinieren, empfiehlt sich der Sagenrundweg. Startpunkt ist der Wanderparkplatz unterhalb der Wasserfälle in einer Kehre der K5380 zwischen Oppenau und dem Kloster Allerheiligen (das nah an dieser Straße liegt). Der Wanderer steigt hier direkt ein in die Schlucht, es geht stetig bergauf, streckenweise auch steil. Oberhalb der Wasserfälle und nach einer Holzbrücke führt der Weg dann beschaulich etwa 1 Kilometer am Grindenbach entlang, der hier geruhsam fließt und gut zugänglich ist. Dann ist die Klosterruine erreicht, der Umkehrpunkt der Wanderung. Der Rückweg führt über die Engelskanzel parallel zum westlichen Ufer des Lierbachs und vorbei an der Rossgrundhütte zurück zum Parkplatz. Der ganze Rundweg ist mit mehreren Tafeln versehen, die von verschiedenen Sagen erzählen.

AUF EINEN BLICK

Info

STADT/REGION: Ruhestein/Nationalpark Schwarzwald
BESTE REISEZEIT: Ganzjährig
OPTIMALE REISEDAUER: 2 Tage
TOURIST-INFO: Nationalparkzentrum Schwarzwald, Schwarzwaldhochstraße 2, 7789 Seebach, Tel. 07449/92 99 80, info@nlp.bwl.de, www.nationalpark-schwarzwald.de

SEHENSWÜRDIGKEITEN

DARMSTÄDTER HÜTTE: Schwarzwaldhochstraße 5, 7789 Seebach, Tel. 07842/22 47, info@darmstaedter-huette.de, www.darmstaedter-huette.de
KLOSTER ALLERHEILIGEN: Allerheiligen 3, 77728 Oppenau

CAMPINGPLATZ MURHOF

ADRESSE: Murhof 1, 77883 Ottenhöfen, Tel. 0174/615 38 31, campingplatz.murhof@gmail.com, www.campingplatz-murhof.de
ANFAHRT: Von Sasbachwalden nach Kappelrodeck fahren, dort der Hauptstraße folgen bis Ottenhöfen. In der Ortsmitte rechts auf die Allerheiligenstraße abbiegen, der Campingplatz befindet sich leicht erhöht an der linken Straßenseite.
GPS: N 48°33‘35“, E 08°09‘13“

Der Campingplatz Murhof liegt erhöht am Rand von Ottenhöfen.

Kleiner, überschaubarer Campingplatz am Waldrand an zahlreichen Wanderwegen und gegenüber dem Ottenhöfener Naturschwimmbad. Parzellierte Stellplätze. Anmeldung via Ticketautomat, daher Anreise jederzeit möglich. Neues Sanitärgebäude und viele Modernisierungen bzw. gerade abgeschlossene Umbauarbeiten. Die Gebühren für Strom, Wasser und die Dusche sind separat und per Wertmarken zu entrichten. Sehr sauberer, ordentlicher Platz, Stellplätze mit viel Privatsphäre und dank erhöhter Lage schönen Ausblicken.

Naturbelassener Stellplatz beim Hotel Zuflucht

WOHNMOBILSTELLPLATZ HOTEL ZUFLUCHT

ADRESSE: L92, 72250 Freudenstadt, www.hotel-zuflucht.de

ANFAHRT: Der Schwarzwaldhochstraße vom Ruhestein aus 10,5 km in südliche Richtung folgen, dann Abzweig zum Hotel nach rechts.

GPS: N 48°29'33", E 8°14'38"

Zwar schon auf der Gemarkung der Stadt Freudenstadt (Ziel 5), aber nahe dem Buhlbachsee befindet sich beim Hotel Zuflucht dieser unasphaltierte Stellplatz im hinteren Bereich des Parkplatzes des Skiliftes Zuflucht (ausgeschildert). Tagsüber viel Verkehr, nachts jedoch ruhig. Maximaler Aufenthalt 48 Stunden. Keine Ausstattung (und daher nur für autarke Camper geeignet), dafür viel Natur und Vogelgezwitscher. Bei Bedarf kann man im Hotel frühstücken.

GENUSS FÜR LEIB UND SEELE

Baiersbronn: Mehr Schwarzwald gibt's nirgends

Der lebendige Ferienort Baiersbronn ist ein Tourismusmagnet.

4

Das Motto in der Kapitelüberschrift sagt alles: In Baiersbronn ist man mittendrin und es ist alles geboten, was den Schwarzwald ausmacht. Der Baiersbronner Wanderhimmel, mehrere ausgezeichnete Gourmetküchen, kulturelle Highlights sowie Natur, Natur und nochmal Natur – das macht die Vielfalt dieses besonderen Schwarzwaldortes aus.

Im oberen Murgtal erstreckt sich die Feriengemeinde Baiersbronn über 20 Kilometer und mit neun Ortsteilen auf das Gebiet zwischen dem Schliffkopf und dem Ruhestein (beide siehe Ziel 3) im Nordwesten und Schönmünzach im Norden. Neben erlebnisreichen Wanderungen, die rund um Baiersbronn oft eine der zahlreichen toll bewirtschafteten Wanderhütten integrieren, gibt es auch kulturelle Attraktionen wie die Glashütte im Ortsteil Buhlbach und außergewöhnliche Bauwerke wie die Münsterkirche in Klosterreichenbach.

BAIERSBRONNER WANDERHIMMEL

Der größte Tourismusort in Baden-Württemberg ist vor allem eins: ein Paradies für **Wanderer**. In Baiersbronn hat man die Qual der Wahl, wenn man die Wanderschuhe schnürt: Soll es eine Familienwanderung sein, ein Erlebnispfad, ein Genießerpfad oder ein »Himmelsweg«? Es gibt alles, weshalb hier nur eine kleine Auswahl der vielen Highlights vorgestellt werden kann. Für eine umfangreichere Beratung über die Wandermöglichkeiten wenden sich Touristen am besten an eine der in vier Ortsteilen und natürlich im Zentrum vertretenen Tourist-Infos oder verschaffen sich einen Überblick über die Seite www.baiersbronn.de.

Wenn es um das 550 Kilometer lange Wanderwegenetz der Gemeinde geht, das in verschiedene Kategorien unterteilt ist, ist oft vom **Baiersbronner Wanderhimmel** die Rede. Besonders empfehlenswert sind die Genießerpfade, das sind 11 bis 14 Kilometer lange, zertifizierte Premiumwege, die als Rundwege angelegt sind. Ein großer Teil davon verläuft auf naturbelassenen Pfaden, was das Herz jedes Naturfreundes höherschlagen lässt. Als Höhepunkt steht dann noch eine Einkehr in einer der modernen Wanderhütten an – da muss man sich einfach wie im Himmel fühlen. Wanderführer nehmen mehrmals pro Woche auch Gruppen mit auf Touren.

4

Eine besonders schöne Hütte ist die **Glasmännlehütte**. Sie liegt auf 780 Metern auf dem Baiersbronner Hausberg Stöckerkopf und kann bequem mit dem Sessellift, der an der Pizzeria Stöckeralm startet, erreicht werden. Aber auch im Rahmen einer Wanderung, auf dem Genießerpfad **Sankenbachsteig**, ist die Hütte in 13,6 Kilometern und mit 482 Höhenmetern zu erreichen.

Tipp

Wer nicht auf konventionelle Weise vom Stöckerkopf wieder absteigen möchte, kann vor Ort ein MountainCart mieten und damit einen vorgegebenen Natur-Trail den Hang hinabdüsen. Es geht über Stock und Stein, mitunter auch recht steil. Ein Spaß für jedes Alter. Informationen erhält man beim Betreiber der Carts unter www.schwarzwaldidylle.de.

Die **Wanderhütte Sattelei** gehört zum Sternehotel Bareiss und kann über den **Satteleisteig** erwandert werden – das sind 11,5 Kilometer und 365 Höhenmeter. Der **Tonbachsteig** führt auf 14,4 Kilometern und mit 472 Höhenmetern zur **Blockhütte der Traube Tonbach**, ebenfalls ein Sternehotel am Ort. Im Ortsteil Schwarzenberg gelangt man über einen kurzen, steilen Fußmarsch von der S-Bahn-Haltestelle aus zur **Panorama-Hütte**, die ihren Namen wegen der fantastischen Aussicht aufs Murgtal und bis hin nach Klosterreichenbach mehr als verdient. Die Hütte wird vom Hotel Löwen in Schwarzenberg geführt.

Beschaulich schmiegen sich die einzelnen Ortsteile in die Landschaft.

◀ Im romantischen Buhlbachtal ▲ Blick auf Baiersbronn-Obertal
▼ Der Kulturpark Glashütte Buhlbach ist ein kulturelles Highlight.

Um dem Wanderhimmel noch mehr gerecht zu werden, stehen neben den Genießerpfaden auch zahlreiche sogenannte **Himmelswege** zur Verfügung. Sie verlaufen oft abseits und auf besonders schönen Strecken und sind zwischen 11 und 21 Kilometer lang. Auch hier seien ein paar exemplarische Beispiele genannt: Die Königsetappe der Himmelswege ist die **Höhen-Tour**; diese führt auf 21,7 Kilometern auf den Hauptkamm des Nordschwarzwaldes und begeistert mit tollen Blicken in die Rheinebene und bis zu den Schweizer Alpen. Sie ist indes mit 553 Höhenmetern und ihrer Länge alles andere als anspruchslos.
Idyllisch geht es zu auf der **Romantik-Tour**, die ihrem Namen alle Ehre macht, indem sie an plätschernden Bächen entlang und zu einem Karsee führt und auch den Nationalpark mit seiner wilden Natur streift. 16,9 Kilometer ist die Tour lang und beinhaltet 517 Höhenmeter.
Ein bisschen kürzer und mit weniger Höhenmetern versehen (nämlich 296) ist die **Mönch-Tour** in Klosterreichenbach. Abwechslungsreich geht es auf teils historischen Pfaden durch das Reichenbachtal, unterwegs kann man prima rasten und Ausblicke genießen. 12,1 Kilometer sind zu marschieren.
Was die **Erlebnispfade** anbelangt, so ist der familienfreundliche **Holzweg** empfehlenswert. An 21 interaktiven Stationen können Jung und Alt rund um das Thema Holz experimentieren und ausprobieren. Landschaftlich reizvoll führt der 2,2 Kilometer lange Weg über Moosteppiche, durch den Wald und über Lichtungen.

Der Sankenbachsee wirkt geheimnisvoll und ist Ziel einer schönen Wanderung.

Historisch ist der Rundweg **Wilder Wald im Wandel**. Vom Tonbach als ehemalige Floßstraße begleitet zeigt er auf, wie die Naturlandschaft in eine Kulturlandschaft umgewandelt wurde. Die Zeit der Frühindustrialisierung spielt ebenso eine Rolle wie das entbehrungsreiche Leben der Menschen in dieser damals abgeschiedenen Gegend. Insgesamt sind 9,6 Kilometer und 165 Höhenmeter zu bewältigen.

Von den Wegen des Wanderhimmels abgesehen gibt es weitere, auch über kurze Spaziergänge und Wanderwege erreichbare Ziele, die man sich keinesfalls entgehen lassen sollte. Zum Beispiel darf ein Ausflug auf den **Rinkenturm** nicht fehlen. Das ist ein auf 760 Metern Höhe gelegener Aussichtsturm auf dem gleichnamigen Rinkenkopf. Der 23 Meter hohe Buntsandsteinturm bietet von seiner Aussichtsplattform aus – die über fast 100 Stufen erstiegen werden muss – einen wunderbaren Blick auf das Murgtal, die Region und das Zentrum Baiersbronn sowie den Ortsteil Tonbach. Man kann den Rinkenturm sowohl vom oben genannten Satteleisteig aus erwandern, als auch auf direktem Weg mit dem Startpunkt Parkplatz Sommerseitenweg – nur 1,6 Kilometer vom unten beschriebenen Stellplatz in Baiersbronn entfernt.

Genauso wenig fehlen darf eine Wanderung zum **Sankenbachwasserfall**. Der direkte Weg zum **Sankenbachsee** und zum Wasserfall startet am Wildgehege, wo man das Wohnmobil problemlos parken kann. Dann wandert man stetig sanft bergauf, vorbei an einem Waldspielplatz, bis der idyllisch gelegene Sankenbachsee erreicht ist. Gleich zu Beginn stehen Picknickplätze bereit - und Baden in dem meist kalten Wasser ist erlaubt. Wenn man den See einmal zur Hälfte umrundet, gelangt man an den steilen Aufstieg zum Wasserfall (beschildert) in der Nähe eines überdachten Grillplatzes. Nun geht es entlang des Wasserfalls etwa 1 Kilometer bergauf. Oben angekommen, kann man von einer Holzbrücke aus die Wassermassen selbst steuern, indem man den Schieber des Staubeckens öffnet. Haben sich die Wassermassen hinabgestürzt, verschließt man das Staubecken wieder, damit sich erneut Wasser ansammeln kann. Zurück zum Parkplatz geht es über die andere Seeseite und einen parallel zum Hinweg verlaufenden Weg.

Auch der **Huzenbacher See** ist ein Karsee und befindet sich auf Nationalparkgebiet und im Baiersbronner Ortsteil Huzenbach. Knapp 750 Meter hoch gelegen macht die einsame Lage seinen besonderen Reiz aus. Highlight des Jahres ist Mitte bis Ende Juni die Blütezeit der gelben Teichrose. Den Huzenbacher See erreicht man auf direktem Weg, indem man das Wohnmobil auf dem Wanderparkplatz Silberwald abstellt und 2,7 Kilometer (einfacher Weg) zum See wandert. Von dort aus sollte man unbedingt den steilen, aber sehr lohnenswerten Aufstieg die Karwand hinauf zum Huzenbacher Seeblick auf sich nehmen. Denn nach 150 Höhenmetern präsentiert sich ein sagenhafter Blick auf den See, ins Tal und auf die Höhen des Nordschwarzwaldes. Am Aussichtspunkt lässt sich der Panoramablick von einer breiten Himmelsliege aus genießen. In einer Schutzhütte mit Tisch und Bänken kann man picknicken.

Die beschriebenen Wanderungen und Attraktionen in der Natur sind lediglich ein Auszug aus dem Gesamtprogramm des Baiersbronner Wanderhimmels. Nun wollen wir uns weiteren Sehenswürdigkeiten der Feriengemeinde widmen, die einen Aufenthalt in Baiersbronn ebenso bereichern wie die wunderschönen Wanderungen.

VIELFÄLTIGER SCHWARZWALDORT

Los geht's mit Kultur im **Kulturpark Glashütte Buhlbach**. Was im 18. und 19. Jahrhundert das Zentrum der württembergischen Glasproduktion war, ist heute ein Glashüttenmuseum im Baiersbronner Ortsteil Buhlbach.

◀ Empfehlenswert ist der Forellenhof Buhlbach. ▶ Zeitreise auf dem Morlokhof

Aufgeteilt auf zwölf Stationen sind unter anderem Gebäude der ehemaligen Glashütte und die Reste eines großen Schmelzofens zu sehen. Das Turbinenhaus und das Gesteinsmahlhaus sind als historische Glashüttengebäude erhalten. Im Turbinenhaus wird anhand handbemalter Glastafeln der Werdegang des Buhlbacher Schlegels dargestellt. Das war eine druckfeste, mundgeblasene Sektflasche, die zwei Millionen Mal produziert und in alle Welt exportiert wurde. Im Gesteinsmahlhaus können historische Werkstätten (Schmiede, Gesteinsmühle, Schleiferei) besichtigt werden.
Besucher haben die Wahl zwischen einer der außergewöhnlichen Führungen: beispielsweise einer begleiteten »Zeitreise« oder einer sogenannten »Ambienteführung« inklusive Kaffee und Kuchen. Auch geführte Wanderungen (9 Kilometer lang) auf den Spuren des Buhlbacher Glasträgers werden angeboten. Nähere Informationen kann man der Homepage der Glashütte entnehmen. Eine offene Führung findet täglich um 14.30 Uhr statt. Im Gartengelände der Glashütte kann man anhand zahlreicher Behälter mit bunt glitzernden Glasscherben das Recycling längst vergangener Tage nachvollziehen. Denn zerbrochenes Glas und Reste vom Glasblasen wurden eingesammelt, farblich sortiert, gewaschen und wiederverwertet. Im Garten trifft man außerdem auf das Glasmännlein aus dem Märchen »Das kalte Herz«.

Tipps

Eine Anreise im Nostalgie-Stil zum Kulturpark wird ermöglicht durch das Panoramabähnle, ein Bus aus den 1960er-Jahren. Zweimal im Monat bringt das Bähnle Gäste zur Glashütte. Unterwegs eröffnen sich schöne Ausblicke auf Baiersbronn, außerdem gibt es Einkehrmöglichkeiten. Für die Fahrt kann man sich unter der Telefonnummer 07442/8 41 40 anmelden.

Da wir gerade in Buhlbach sind: Keinen Kilometer vom Kulturpark entfernt und inmitten eines Naturschutzgebietes am Rande des Nationalparks verwöhnt die Gaststätte Forellenhof Buhlbach mit fangfrischem Fisch aus eigener Zucht, regionalen Speisen und Vesper. Eine Sonnenterrasse bietet bei gutem Wetter einen herrlichen Ausblick über das Buhlbachtal. Wer selbst eine Buhlbach-Forelle zubereiten möchte, kann im Forellenlädle einkaufen (www.bareiss.com/forellenhof-buhlbach.html).

Ein weiteres Zeugnis vergangener Tage ist der historische **Morlokhof**. Es handelt sich dabei um eine der letzten noch vollständig erhaltenen Hofanlagen des späten 18. Jahrhunderts. Der in Hanglage gebaute Schwarzwaldhof liegt auf einer Anhöhe über dem Baiersbronn-Teilort Mitteltal. Gekauft, detailgetreu restauriert und gepflegt von einem ortsansässigen Hotelier, ist der denkmalgeschützte Morlokhof Zeitzeuge und Freilichtmuseum zugleich. Mit dem hübsch angelegten Gemüse- und Kräutergarten und den umgebenden Streuobstwiesen ist auch die Umgebung des Hofes sehr malerisch.
Der Hof, der als einer der besterhaltenen Höfe des oberen Murgtals gilt, wurde 1789 erbaut und war Sitz mehrerer Generationen von Wunderheilern der Familie Morlok. Wer tiefer in die Familiengeschichte eintauchen möchte, hat dazu mehrere Möglichkeiten. Donnerstagabends beispielsweise schlüpft ein Schauspieler in die Rolle des »alten Morlok« und stellt für die Gäste Episoden und Geschichten des Hauses und seiner Bewohner nach, verbunden mit einer Führung und einem anschließenden Essen. Einmal im Jahr öffnet der Morlokhof auch im Rahmen des Tages des offenen Denkmals seine Pforten für Besucher. Verbunden mit einer Führung findet diese Veranstaltung immer am zweiten Sonntag im September von 11 bis

4

17 Uhr statt. Dann können das Hauptgebäude mit Stall und Scheune, das Backhäusle und das sogenannte Leibdingehaus mit Werkstatt besichtigt werden, was ansonsten nur im Rahmen von privaten Feiern und Veranstaltungen möglich ist.

Im Ortsteil Klosterreichenbach steht an der Durchfahrtsstraße die evangelische **Münsterkirche**. Sie existiert in ihrer heutigen Gestalt seit Anfang des 13. Jahrhunderts und ist als **Kloster Reichenbach** aus einem Benediktinerkloster hervorgegangen. Vom einstigen Kloster sind das Kirchengebäude, ein Teil der Ringmauer, der Gefängnisturm und ein Stück Kreuzgang erhalten geblieben. Flyer im Inneren der Kirche und Schautafeln im Kreuzgang informieren über die Geschichte des Klosters Reichenbach. Die Kirche ist zur Besichtigung tagsüber geöffnet, sonntags finden regelmäßig Gottesdienste statt.

Hinter dem Kloster liegt der **Kurpark von Klosterreichenbach**. Hier lässt sich ein geruhsamer Nachmittag verbringen, denn ein neu gestalteter Minigolfplatz, ein See, um den man herumflanieren kann, sowie eine überdimensional große Bank laden zum Genießen und Entspannen ein. Das hintere Ende des Kurparks bildet ein Freibad, das mit Schwimmer- und

Einer der ältesten und besterhaltenen Bauernhöfe ist der Morlokhof.

Ehemaliges Benediktinerkloster Reichenbach – ein imposantes Bauwerk.

Nichtschwimmerbecken, Sprungturm, Rutsche und Kleinkinderbecken ausgestattet ist. Außerdem sind eine Liegewiese, ein Spielplatz und ein Beachvolleyballfeld vorhanden.

Tipp

Am ersten Mittwoch in den Sommerferien findet im Kurpark von Klosterreichenbach das Lichtlesfest statt. Umrahmt von Essens- und Getränke-Angeboten und einem Blasorchester ist das Highlight des Abends, dass mit Einbruch der Dämmerung tausende Lichter den gesamten Kurpark erleuchten. Zum Abschluss gibt es ein Feuerwerk.

GOURMETKÜCHE IN BAIERSBRONN

Zahlreiche Sterneköche haben Baiersbronn zu kulinarischem Ruhm verholfen. So liegt es nahe, dass Baiersbronn den Titel »Gourmethauptstadt Deutschlands« tragen darf. Michelin-Sterne dürfen das Restaurant im Hotel Bareiss (drei Sterne) und das Gourmetrestaurant Schlossberg im Hotel Sackmann (einen Stern) aktuell für sich verbuchen. Bis Anfang 2020 strahlten auch für die berühmte Schwarzwaldstube im Hotel Traube im Tonbachtal drei Michelin-Sterne und für die Köhlerstube desselben Hotels ein Stern am Gourmet-Himmel. Nach einem Brand mussten die beiden Restaurants jedoch abgerissen werden und werden derzeit neu gebaut. Für 2020 hat Michelin die beiden Sterne-Restaurants aus dem Guide genommen.

Das Naturbad Mitteltal macht seinem Namen alle Ehre.

Aber auch sonst kann sich die Restaurantwelt in Baiersbronn sehen lassen. Weitere prämierte Gourmet-Restaurants, regionale Küche, urige kleine Schwarzwaldlokale und mediterrane Spezialitäten-Restaurants bieten gute Küche in schönem und authentischem Ambiente.

WASSERSPASS IM SOMMER

Nicht nur eine ausgiebige Abkühlung in den Sommermonaten, sondern auch Erfrischungen für müde Wanderer-Beine sind in Baiersbronn möglich. Für letzteres gibt es einige **Wassertretstellen**, beispielsweise in Baiersbronn beim Freibad, in Tonbach im Kohlwald hinter den Tennisplätzen, in Schönmünzach hinter der Kirche und im Kurgarten bei der Tourist-Info, in Hinterlangenbach beim Wildgehege und in Obertal im Kurgarten bei der Tourist-Info. Die Wassertretstellen sind alle jederzeit frei zugänglich. Auch was die Zahl der **Freibäder** betrifft, hat Baiersbronn einiges zu bieten. Neben dem bereits genannten Freibad in Klosterreichenbach gibt es im Zentrum von Baiersbronn ein Freibad mit Sportbecken, Erlebnisbecken mit Riesenrutsche, Strömungskanal und verschiedenen weiteren Wasserattraktionen. Ein Highlight in der Region ist das Naturbad in Baiersbronn-Mitteltal: Die naturnahe Badelandschaft besticht durch einen Sprungfelsen mit Sprungbrett, eine über einen Holzsteg erreichbare Ruheinsel im Wasser und einen Kleinkind-Bereich.

Es folgt gleich nebenan in Obertal das Freibad mit Kombibecken, Rutsche, Kleinkinderbereich, Liegewiese, Spielplatz, Beachvolleyballplatz und Kiosk. Und schließlich gibt es nördlich von Baiersbronn noch ein Freibad in Schönmünzach. Dieses verfügt über ein großes Sportbecken mit Rutsche und eine Liegewiese mit Spielgeräten sowie über einen Kiosk.

UNZÄHLIGE AKTIVITÄTEN

Das in Klosterreichenbach ansässige Unternehmen Sport Frey bietet Kurse für viele verschiedenen **Sportarten** an, wie zum Beispiel Bogenschießen, Stand-up-Paddling, Windsurfen, Inlineskaten und Nordic Walking. Für alle diese Sportarten gibt es auch einen Verleih der dafür notwendigen Sportgeräte. Im eigenen Seilgarten werden erlebnispädagogische Aktivitäten angeboten.

Ganz geruhsam geht es zu, wenn man einem der **Wildgehege** einen Besuch abstattet. Eingebettet in den Wald liegen auf dem Gemeindegebiet von Klosterreichenbach sechs Gehege mit dem für den Schwarzwald typischen Rot- oder Damwild. In Baiersbronn befindet sich das Wildgehege am Ausgangspunkt zur Wanderung zum Sankenbachwasserfall. In Mitteltal gibt es gleich zwei, das Gehege Eulengrund (mit Futterautomat) und das im Ellbachtal. Direkt an den Nationalpark grenzt das Wildgehege tief im Tonbachtal, in Klosterreichenbach befindet sich eins am Ailbach nahe dem Hotel und Restaurant Ailwaldhof. In Hinterlangenbach beginnt beim Wildgehege das Nationalparkgebiet.

◀ Viele Wildgehege auf Baiersbronner Gemarkung ▶ Baiersbronn

AUF EINEN BLICK

Info

STADT/REGION: Baiersbronn/Landkreis Freudenstadt
BESTE REISEZEIT: Mai–Oktober
OPTIMALE REISEDAUER: 3 Tage
TOURIST-INFO: Tourist-Info Baiersbronn, Rosenplatz 3, 72270 Baiersbronn, Tel. 07442/841 40, info@baiersbronn.de, www.baiersbronn.de

SEHENSWÜRDIGKEITEN

KULTURPARK GLASHÜTTE BUHLBACH: Schliffkopfstraße 46, 72270 Baiersbronn, Tel. 07449/929 90 20, www.kulturpark-glashuette-buhlbach.com
MÜNSTERKIRCHE KLOSTERREICHENBACH: Murgtalstraße 164, 72270 Baiersbronn
MORLOKHOF: Weg zum Weißenbach 11, 72270 Baiersbronn, Tel. 07442/470, www.bareiss.com/morlokhof.html
FREIBAD KLOSTERREICHENBACH: Schwimmbadweg, 72270 Baiersbronn, Tel. 07442/25 00
FREIBAD BAIERSBRONN: Wilhelm-Münster-Straße 26/1, 72270 Baiersbronn, Tel. 07442/77 02
NATURBAD MITTELTAL: Ilgenbachstraße 1, 72279 Baiersbronn, Tel. 07449/476, info@naturbad-mitteltal.de, www.naturbad-mitteltal.de
FREIBAD OBERTAL: Buhlbachsaue 15, 72270 Baiersbronn, Tel. 07449/261
FREIBAD SCHÖNMÜNZACH: In den Auen 44, 72270 Baiersbronn, Tel. 07442/842 30
SPORT FREY: Murgtalstraße 157, 72270 Baiersbronn, Tel. 07442/64 68, info@sport-frey.de, www.sport-frey.de

NATUR-CAMP TANNENFELS

ADRESSE: Ruhesteinstraße 413, 72270 Baiersbronn, Tel. 0163/192 32 24, info@naturcamp-tannenfels.de, www.naturcamp-tannenfels.de

◀ Einladend: Naturcamping Tannenfels ▶ Stellplatz in der Ortsmitte

ANFAHRT: Vom Zentrum Baiersbronn über die Rechtmurgstraße Richtung Ruhestein fahren. Nach dem Parkplatz des Naturbades links zum Campingplatz abbiegen.

GPS: N 48°31'41", E 8°18'20"

Im Ortsteil Mitteltal befindet sich neben dem Naturbad und an einem Fluss, umgeben von Feldern, Wald und Bergen, dieser gut ausgestattete Platz mit frisch restaurierten Sanitäranlagen. Auch sonstige Modernisierungsmaßnahmen lassen den Platz in neuem Glanz erstrahlen. Die Stellflächen des modernen Wohnmobilparks sind mit Stromanschlüssen ausgestattet und bieten einen Blick auf den Schwarzwald. Außerdem neu sind ein Kinderspielplatz und ein Kiosk mit dem Nötigsten für den täglichen Bedarf (Einkaufsmöglichkeiten jedoch trotzdem nah).

WOHNMOBILSTELLPLATZ BAIERSBRONN DORFSÄGEMÜHLE

ADRESSE: Lochweg, 72270 Baiersbronn, Tel. 07442/841 40

ANFAHRT: Über die B462/Murgtalstraße aus Richtung Klosterreichenbach ins Zentrum von Baiersbronn fahren. Gleich nach dem Kreisverkehr links abbiegen und sofort wieder links in den Lochweg. Der Stellplatz erstreckt sich links und rechts der Straße.

GPS: N 48°30'37", E 8°22'22"

Sehr zentral und am Rande eines Parks im Ortskern von Baiersbronn an der ehemaligen Dorfsägemühle liegt dieser kostengünstige Stellplatz. Parkplatz-Charakter- und Untergrund (teilweise auch schmaler Grünstreifen). Platz für 15 Reisemobile. Einkaufs- und Einkehrmöglichkeiten sind zu Fuß erreichbar, ebenso einige der beschriebenen Attraktionen von Baiersbronn. Mit Ver- und Entsorgung sowie Strom und Frischwasser (beides kostenpflichtig). Die Standgebühr begleicht man beim Platzwart oder bei der Baiersbronn Touristik am Rosenplatz.

MITTEN IM NORD-SCHWARZWALD

Malerisches und modernes Freudenstadt

Freudenstadt ist eine gepflegte Kleinstadt wie aus dem Bilderbuch.

5

Zu all der Naturgewalt des Nordschwarzwaldes gesellen sich in Freudenstadt noch zwei weitere Faktoren: Shopping und Kultur. Zentrum für das Einkaufen ist der Marktplatz – der größte Deutschlands – mit seinen umliegenden Läden und Boutiquen. Und die Kultur? Die gibt's überall in der ganzen Stadt ...

Trotz aller Kultur: Auf die für den Nordschwarzwald charakteristischen Wandermöglichkeiten der Extraklasse muss in Freudenstadt dennoch niemand verzichten, auch Naturattraktionen stehen auf dem Programm – beispielsweise die Großvatertanne, ihres Zeichens die älteste Tanne im Schwarzwald. Museen, Denkmäler und ein historisches Bergwerk seien stellvertretend für das kulturelle Aufgebot der Stadt genannt. Und auch Ausflüge in die Umgebung lohnen sich – so geht es zum Beispiel an die Kinzig, nach Alpirsbach zur Klosterbrauerei oder in einen Bärenpark. Es ist viel geboten in und um Freudenstadt.

▲ Zentral: der Marktplatz ▼ Freudenstädter Bähnle ▶ Venus-Denkmal

5

INNEN STADT, AUSSEN NATUR

Freudenstadt versteht es, sich modern zu präsentieren und zugleich den Charme eines Nordschwarzwald-Ortes auszustrahlen. Und obwohl Freudenstadt mit seinen 23 500 Einwohnern eine große Kreisstadt ist, umgibt den städtischen Kern unberührte Natur. Der Ort liegt auf einem Hochplateau am Ostrand des Schwarzwaldes – die Höhenlage des heilklimatischen Kneippkurortes spürt man, denn westlich des Stadtzentrums geht es tief hinab in das Tal des Forbachs, der zur Murg fließt. Westlich von Freudenstadt steigt das Waldgebiet zur Passhöhe Kniebis auf, im Süden schließt sich der Luftkurort Loßburg an, an dem die Kinzig entspringt.

Berühmt ist Freudenstadt vor allem wegen des **Marktplatzes**. Er ist der größte, bebaute Marktplatz Deutschlands und gilt als Wahrzeichen der Stadt. Der fast quadratische Platz mit einer Größe von 4,5 Hektar ist von Arkaden umgeben, in denen kleine Läden und Boutiquen sowie Cafés und Restaurants untergebracht sind. Er ist in die drei Teile Oberer Marktplatz, Unterer Marktplatz und Postplatz gegliedert. Mitten auf dem Platz befinden sich 50 Fontänen mit Wasserspielen.

Natürlich ist der Marktplatz vor allem der Ort für den **Wochenmarkt**. Von April bis Oktober findet dieser immer dienstags und freitags von 7 bis 13 Uhr statt, von November bis März nur freitags. Neben frischem Obst und Gemüse, Fisch, Fleisch und Backwaren kann man Eier, Tee, Honig und Gewürze aus regionalem Anbau erwerben, auch viele Bio-Produkte sind erhältlich.

Das **Rathaus**, das sich in der nordöstlichen Ecke des Marktplatzes befindet, fügt sich mitsamt dem 43 Meter hohen **Rathausturm** malerisch in die Kulisse der bunten Häuserfassaden ein. Während der Öffnungszeiten des Rathauses kann man den Turm besteigen und die Aussicht über Freudenstadt genießen; den Schlüssel entleiht man gegen Pfand beim Bürgerservice.

In die südliche Ecke des Marktplatzes schmiegt sich die evangelische **Stadtkirche**, eine sogenannte Winkelkirche mit einem L-förmigen Grundriss, von denen es nur zwei in Deutschland gibt. Nach der fast vollständigen Zerstörung im Zweiten Weltkrieg wurde die Kirche nach alten Plänen neu aufgebaut. Das Venus-Denkmal erinnert an den Wiederaufbau Freudenstadts nach dem Zweiten Weltkrieg.

Straßencafés säumen den Bachlauf, der sich durchs Zentrum schlängelt.

Tipp: Wer Anfang Juli in Freudenstadt ist, erlebt den Marktplatz in einen Volksfestplatz verwandelt. Fahrgeschäfte, Stände mit kulinarischen Köstlichkeiten, Musik und Showprogramme ziehen tausende Besucher an. Höhepunkt ist das Feuerwerk am Samstagabend. Bei Freudenstadt Tourismus erfährt man den Termin.

Am Marktplatz startet übrigens auch das **Freudenstädter Bähnle**, ein nostalgisches Bimmelbähnchen, das im Rahmen einer Rundfahrt interessante Fleckchen der Stadt anfährt. An mehreren Haltestellen kann man aus- und wieder zusteigen. Fahrtbeginn ist am Marktplatz neben der Stadtkirche, die Fahrt führt bis auf den Kienberg, wo die Fahrgäste Gelegenheit haben, auf den Friedrichsturm zu steigen.
Kulturfreunde kommen beim **Kurhaus** auf ihre Kosten. In einem der Veranstaltungsräume werden jährlich zahlreiche Theaterstücke und Musicals aufgeführt und es finden Vorträge statt. Außerdem ist das Programmkino Subiaco im Kurhaus untergebracht. Hinter dem Kurhaus schließt sich ein idyllischer **Kurgarten** an. Dieser ist ebenfalls Veranstaltungsort für beispielsweise Konzerte. Der Kurpark ist klein und hübsch angelegt mit Doppelholzliegen auf dem Rasen. An Tischen mit Sonnendach kann man picknicken.

5

Etwas außerhalb des Ortszentrums befindet sich der **Kienberg**, mit einer Höhe von 800 Metern der Hausberg von Freudenstadt. Er umfasst ein autofreies Wander- und Erholungsgebiet mit einem **Skulpturenpark**, dem 25 Meter hohen **Herzog-Friedrich-Turm**, von dessen Aussichtplattform sich ein toller Panoramablick bietet, und Deutschlands höchstgelegenen **Rosenweg** mit über 1000 Wildrosen.
Ebenfalls etwas außerhalb liegt zwischen Freudenstadt und Loßburg (und auch in eine schöne Wanderung integrierbar) die **Großvatertanne**. Unter diesem lustigen Begriff verbirgt sich die mächtigste Tanne im Schwarzwald. Sie ist 47 Meter hoch, hat einen Stammumfang von 5,30 Meter und ist rund 300 Jahre alt. Ein möglicher Ausgangspunkt für eine Wanderung ist der Wanderparkplatz Lauferbrunnen an der Schömberger Straße Richtung Schömberg/Bad Rippoldsau. Von hier aus gelangt man in 15 Minuten auf einem 1,5 Kilometer langen Fußweg zur Großvatertanne.

ÜBER SCHMALE FUSSPFADE, durch stille Wälder und mit tollen Ausblicken versehen ist die sehr empfehlenswerte Wanderung Premiumweg Tannenriesen Freudenstadt, die außer der Großvatertanne weitere Highlights wie den Rosenweg und den Herzog-Friedrich-Turm bereithält. Startpunkt ist der Wanderparkplatz Teuchelwald. Der Weg ist gut ausgeschildert, 9,8 Kilometer lang, beinhaltet 216 Höhenmeter und ist leicht zu begehen. Absolutes Highlight ist eine Einkehr in der malerisch gelegenen, modernen Berghütte Lauterbad. Deren Öffnungszeiten findet man unter www.berghuette-lauterbad.de.

Spielt das Wetter einmal nicht mit, kann man sich die Zeit in Freudenstadt durchaus auch gut indoor vertreiben. Ein Ziel für alle Altersstufen ist die interaktive Ausstellung **Experimenta**. Unterschiedliche Experimente verschiedener Themenbereiche (Mathematik, Optik, Akustik, Physik) sorgen für kurzweilige Unterhaltung, während man rätselt, staunt und lernt. Da kann man zum Beispiel seinen eigenen Schatten einfrieren oder im Luftstrom fliegen. Nicht nur für Kinder höchst interessant!
Das **Museum im Stadthaus** auf dem Marktplatz zeigt auf mehreren Ebenen die Geschichte Freudenstadts und seines Landkreises. Dabei wird

Letzte Etappe der Baumriesen-Wanderung: Rosenweg und Herzog-Friedrich-Turm

sowohl die Geschichte des Tourismus im Schwarzwald thematisiert, als auch der Zweite Weltkrieg, als Freudenstadt sehr stark zerstört wurde. Auch das Handwerk, die bäuerliche Wohnkultur sowie das Waldgewerke und das Bergbauwesen werden beleuchtet.

Weit über die Stadtgrenzen hinaus bekannt und beliebt ist das **Panorama-Bad**. Mit einer Wassererlebniswelt mit Riesenrutsche und Sprungturm, einem Vitalbereich sowie einer Saunalandschaft ist für jeden Anspruch etwas dabei. Im Sommer erweitert ein neues Freibad (inklusive Panoramablick) den Badespaß. Über einen Rutschenturm ist der Außenbereich mit dem Innenbereich verbunden.

Älter als Freudenstadt selbst ist das Bergwerk Friedrichs Fundgrube (auch Drei Könige genannt), das als historisches **Besucherbergwerk** zugänglich ist. Vom 15. bis zum 17. Jahrhundert wurde hauptsächlich Silber abgebaut, denn das Gebiet Freudenstadt war reich an kupfer- und silberhaltigen Erzen. Der 68 Meter tiefe Schacht des Besucherbergwerks kann im Rahmen unterschiedlicher Führungen und Schwierigkeitsstufen (über Stahlleitern) besichtigt werden. Informationen zu den Zeiten erhält man bei der Tourist-Info.

5

STADTTEIL KNIEBIS

Nur einen Katzensprung von Freudenstadt entfernt befindet sich der Stadtteil **Kniebis** - damit wird sowohl ein langgezogener Bergrücken als auch ein auf dessen südlichem Teil gelegenes Dorf bezeichnet. 870 Einwohner leben in dem idyllischen Schwarzwalddorf, dessen Umgebung durch die abgeschiedene Lage Aktivitäten in der Natur bietet. Vor allem Wandern steht auf dem Programm, aber Kniebis hat auch sehr gute Mountainbike-Bedingungen.

Ein absolutes Muss ist der kurze Spaziergang zum **Ellbachseeblick**. Die im Jahr 2013 eröffnete **Aussichtsplattform** ist vom Parkplatz der Kniebishütte aus (Einkehr sehr schön) in 1 Kilometer erreicht. Wer möchte, kann auf schmalem, steinigem Pfad die Karwand zum Ellbachsee hinabsteigen. Hierfür sind 150 Höhenmeter zu bewältigen, wofür Trittsicherheit und festes Schuhwerk vonnöten sind.

Auf knapp 1000 Metern Höhe ist Kniebis der höchstgelegene Stadtteil Freudenstadts. Wer etwas über den Stadtteil, seine Geschichte und die

Schwindelerregender Ausblick auf den Ellbachsee von der Aussichtsplattform

◀ Im Retro-Look: Tankstelle in Kniebis

▶ Mit Ausstellung zum Film »25 km/h«

umgebende Natur erfahren will, dem sei einer der Kniebiser Themenwege ans Herz gelegt: Der **Genießerpfad Kniebiser Heimatpfad** verläuft fast eben auf 10 Kilometern und ist mit mehreren Stationen sehr kurzweilig zu gehen, mit Abstecher zum Ellbachseeblick. Eher ein Spaziergang ist der 7,4 Kilometer lange **Klostersteig Kniebis**, der ebenfalls einen Abstecher zum Ellbachseeblick beinhaltet.

Nach dem Wandern lädt das **Waldschwimmbad** in den Sommermonaten zu einem erfrischenden Bad ein. Es ist klein, aber fein mit Schwimmbecken und Planschbecken, einer idyllischen Wiese und einem Imbiss.

Eine Attraktion der besonderen Art in Kniebis ist die **Retro Avia-Tankstelle**. Die nostalgisch im Stil eines amerikanischen Diners gehaltene Tankstelle schickt Besucher auf eine Zeitreise in die 1960er-Jahre. Innen wie außen ist das Retro-Konzept durchgezogen. Wer an der Retro-Zapfsäule getankt hat, kann im Café einkehren oder in die Show-Werkstatt schauen, in der die beiden Zündapp-Mofas aus dem Film 25 km/h ausgestellt sind.

Tipp

Kenner der Filmkomödie »25 km/h« mit dem ungleichen Brüderpaar Christian und Georg (gespielt von Lars Eidinger und Djarno Mädel) haben die Tankstelle längt erkannt. Denn in dem Roadmovie machen sich die Geschwister mit ihren alten Mofas auf den Weg vom Schwarzwald durch die ganze Republik bis an die Ostsee, wobei sie auch zweimal an dieser Tankstelle vorbeiknattern – die übrigens aufgrund ihres attraktiven Erscheinungsbildes auch schon bei anderen Filmen als Drehort mitspielen durfte. Der Film »25 km/h« zeigt viele wunderschöne Landschaftssequenzen des Schwarzwaldes, weswegen er insgesamt eine Empfehlung ist (erschienen im Oktober 2018, Regisseur Markus Goller).

5

UMGEBENDE HIGHLIGHTS

Freudenstadt ist ein zentraler Ausgangspunkt für Ausflugsziele und Attraktionen, die sich einmal um die Stadt herum gruppieren. Nach dem Stadtteil Kniebis ist der südwestlich von Freudenstadt gelegene **Alternative Wolf- und Bärenpark Schwarzwald** ein Ziel, das vom Standort Freudenstadt aus gut angefahren werden kann. Bewohner dieses Parks sind Bären und Wölfe. Jeweils aus schlechter Haltung gerettet oder eingefangen, weil sie die Scheu vor den Menschen verloren hatten und deshalb zur Gefahr wurden, werden die Tiere so natürlich wie möglich gehalten. Auch aus dem Rudel ausgestoßene Wölfe oder ehemalige Zirkusbären haben hier ein neues Zuhause bekommen. Betreiber des Parks ist die Stiftung für Bären.

20 Kilometer südlich von Freudenstadt und im schwäbischen Teil des Schwarzwaldes verbirgt sich hinter dem Ort **Alpirsbach** etwas ganz Besonderes: Im Gemäuer des ehemaligen Klosters wird das Alpirsbacher Klosterbräu gebraut. Obwohl der malerische Ort mit seinen Fachwerkhäusern und verträumten Winkeln viel zu bieten hat, sind Kloster und Brauerei die Hauptattraktionen.

Das imposante, aus rotem Sandstein errichtete Kloster beherrscht das Ortszentrum von Alpirsbach. Es ist ein 900 Jahre altes, **romanisches Benediktinerkloster**, das heute in einer ehemaligen Abtswohnung das Museum »Mönche und Scholaren« und eine bewegliche Orgel-Skulptur beherbergt – als eins der wenigen, im süddeutschen Raum noch erhaltenen Klöster. Bei der **Klosterkirche St. Nikolaus** befinden sich Infozentrum und Museum. Dort kann man sich auf eine Zeitreise ins Jahr 1095 begeben – das Jahr der Klostergründung. Neben Relikten aus dieser Zeit kann man sich über die Themen Kloster-, Bau- und Stadtgeschichte informieren und das Klosterleben im Mittelalter näher betrachten. Im spätgotischen Kreuzgang aus dem 15. Jahrhundert erleben Besucher die meditative Stille.

Tipp

Das Programmkino Subiaco (siehe Freudenstadt) gibt es auch in Alpirsbach – in ganz besonderem Ambiente: Im Sommer laufen die Filme als Open-Air-Kino unter anderem im Kreuzgang! Über die Homepage www.subiaco.de kann man Filmwünsche abgeben.

◀ Das Kloster ist der Mittelpunkt in Alpirsbach. ▶ Klostermuseum

Rund um die Bierbrauerei **Alpirsbacher Klosterbräu** wurde eine ganze Erlebniswelt gestaltet, bestehend aus dem Brauereimuseum, Führungen, Bierproben, dem Sudhaus und einem Brau-Laden mit originellen Bier-Souvenirs. Wenn man schon mal in der Gegend ist, ist eine Brauereiführung ein Muss. Das ist im Rahmen der Tagesführungen um 12 und 14.30 Uhr ohne Anmeldung möglich. Darüber hinaus werden diverse Erlebnis-Führungen bis hin zu einem Bierseminar angeboten, außerdem gibt es Kombinationen der Angebote. Die meisten dieser besonderen Führungen muss man vorbestellen. Einen Überblick kann man sich auf der Homepage der Brauerei unter dem Stichwort »Führungen« verschaffen.

Im Brauereigasthof Löwen-Post im Zentrum von Alpirsbach und direkt neben Kloster und Brauerei gelegen kann man vorzüglich schwäbisch-badisch essen. Im Ambiente eines typischen Schwarzwälder Brauhauses kann man dabei sowohl in einem der drei Restaurants speisen, als auch den Biergarten genießen. Das nebenan gebraute Bier ist natürlich auch sehr lecker (www.loewen-post.de).

Tipp

Noch einmal auf eine Zeitreise geht es in der **Alpirsbacher Glasbläserei**. Hier kann man einem Glasbläser bei der Arbeit über die Schulter schauen (täglich nachmittags außer montags) und viel über die Glasbläserei erfahren. Nach Voranmeldung sind auch Vorführungen möglich. Zu Fuß ist die Glasbläserei fünf Minuten vom Kloster entfernt.

Auf dem Weg nach Alpirsbach kommt man durch **Loßburg**. Idyllisch liegt der Luftkurort im Kinzigtal. Besonders empfehlenswert ist das **Zauberland an der Kinzig**. Damit ist ein Naturareal rund um den Kinzigursprung gemeint, das die Bezeichnung »zauberhaft« absolut verdient. Es dreht sich

Im Zauberland an der Kinzig in Loßburg ist es wirklich zauberhaft!

alles um die Grundelemente Erde, Luft, Feuer und Wasser. Natürlich veranschaulicht beispielsweise anhand einer Wasserschaukel, einer Himmelsleiter, einem Wald-Amphitheater oder einer Duftspirale gibt es hier viel zu entdecken und zu erleben. Vor allem für Familien ist das Zauberland eine Empfehlung, aber auch für Ruhesuchende und Naturliebhaber. Von der 31 Meter hohen Aussichtplattform des Vogteiturms genießt man den Blick über Loßburg, den Schwarzwald und in der Ferne über die Schwäbische Alb. Es werden Sonderführungen angeboten. Das Wohnmobil kann man am Parkplatz des Freibades abstellen.
Der (geografische) Kreis der Ziele rund um Freudenstadt schließt sich nur wenige Kilometer südlich im Dornstettener Ortsteil **Hallwangen**. Dort nämlich gibt es einen herausragenden **BarfussPark**. Das ist nicht nur etwas ganz Besonderes für die Füße, sondern es macht auch Spaß, die verschiedenen Wege über Schlamm, Holz, Stein, Glasstückchen und Kies zu begehen und die Untergründe zu fühlen – das sind 2,4 sehr gesunde Kilometer, denn die Fußreflexzonenmassage stimuliert den ganzen Organismus und stärkt die Abwehrkräfte. Und all das eingebettet in ein schönes Waldgelände. Am Waldgrillplatz können Grill, Rost und Sitzgelegenheiten genutzt werden, Holzkohle muss man mitbringen. Hunde sind im BarfussPark nicht erlaubt.

WANDERWEGE DER EXTRAKLASSE

Eine besondere Erwähnung verdient Bad Peterstal-Griesbach und zwar vor allem für seine **Schwarzwälder Wandersinfonie**. Hinter dieser melodischen Bezeichnung verbergen sich die drei prämierten Wanderwege Himmelssteig, Schwarzwaldsteig und Wiesensteig. Es ist nicht möglich, auszumachen, welcher der drei Premiumwanderwege der schönste ist. Alle drei kann man jedenfalls innerhalb eines Kurztrips in den Schwarzwald nicht wandern, denn zum einen hat es jeder in sich (sie sind zwischen 11 und 13 Kilometer lang und haben reichlich Höhenmeter) und beansprucht mindestens einen Dreivierteltag, zum anderen sollte man den ausgewählten Weg mit Genuss gehen. Jeder einzelne für sich ist schön. Unter www.schwarzwälder-wandersinfonie.de kann man sich einen Überblick verschaffen und für sich festlegen, welchen man gehen sollte – denn einer ist praktisch Pflicht!

5

DER PREMIUMWANDERWEG HIMMELSSTEIG verdient den Namen, denn man fühlt sich tatsächlich dem Himmel ständig einen Schritt näher. Startpunkt ist das Freibad von Bad Peterstal beziehungsweise der Waldrand oberhalb des Parkplatzes. Zunächst geht es durch den schattigen Wald ziemlich viele Höhenmeter bergauf (220, um genau zu sein). Der Weg ist abwechslungsreich und mit den wechselnden Untergründen – Moos, Gras, Wurzeln – schon jetzt zum Genießen. Wer eine kurze Atempause braucht, kann auf einer Himmelsliege entspannen. Dann ist der Aufstieg geschafft und der Weg führt über eine Wiese mit einem weiten Ausblick. Um diesen so richtig auskosten zu können, lädt die 22,5 Meter lange Himmelsbank ein. Etwas gemächlicher geht es weiter, zunächst unterbrochen von einer Waldbar mit einer liebevoll handgearbeiteten Holztheke und Sitzgruppe. Hier kann man gekühlte Getränke gegen einen Obolus an die bereitstehende Kasse genießen. Nun steuern wir den Holchenwasserfall an, bei dem die halbe Wegstrecke geschafft ist. Auch hier stehen in einem Bach Getränke bereit. Für einen schönen Ausblick erklimmt man danach den Himmelsfelsen, ein Kraftakt von 1,2 Kilometern Länge und 100 Höhenmetern. Auch danach geht es weiter bergauf bis zu einem Forstweg, ab dem wir schließlich wieder bergab wandern. Weiteres Highlight ist der romantische Waldpfad, der uns durch ein lauschiges Bergbachtal führt. Schließlich klingt der Himmelssteig auf Wald- und Wiesenwegen gemächlich aus und führt noch einmal eine knapp 2 Kilometer lange Strecke entlang des Freiersbachtals. Eine letzte Himmelsliege mit Getränkebrunnen lädt zur Rast ein, danach nähern wir uns wieder dem Ort Bad Peterstal. Die Tour ist insgesamt 10,6 Kilometer lang und es sind 615 Höhenmeter zu bewältigen.

Getränkebar auf dem Himmelsteig

AUF EINEN BLICK

Info

STADT/REGION: Freudenstadt/Landkreis Freudenstadt
BESTE REISEZEIT: Ganzjährig
OPTIMALE REISEDAUER: 3 Tage
TOURIST-INFO: Freudenstadt Tourismus, Marktplatz 64, 72250 Freudenstadt, Tel. 07441/86 47 30, touistinfo@freudenstadt.de, www.freudenstadt.de/tourismus
Besucherzentrum Freudenstadt-Kniebis: Straßburger Straße 349, 72250 Freudenstadt, Tel. 07442/75 70, Tourist-Info@kniebis.de, www.kniebis.de
Stadt-Info Alpirsbach: Krähenbadstraße 1, 72275 Alpirsbach (im Bürgerbüro), Tel. 07444/951 62 81

SEHENSWÜRDIGKEITEN

FREUDENSTÄDTER BÄHNLE: Marktplatz, 72250 Freudenstadt, Tel. 07441/919 90, www.freudenstaedter-baehnle.de
EXPERIMENTA: Musbacher Straße 5, 72250 Freudenstadt, Tel. 07441/89 29 23, info@experimenta-freudenstadt.de, www.experimenta-freudenstadt.de
MUSEUM IM STADTHAUS: Marktplatz 65, 72250 Freudenstadt, Tel. 07441/89 02 55
PANORAMA-BAD: Ludwig-Jahn-Straße 60, 72250 Freudenstadt, Tel. 07441/92 13 00, info@panorama-bad.de, www.panorama-bad.de
BESUCHERBERGWERK FREUDENSTADT: Straßburger Straße 57, 72250 Freudenstadt, Tel. 07441/86 47 30
KNIEBISER WALDSCHWIMMBAD: Straßburger Straße 270, 72250 Kniebis, Tel. 07442/65 65, www.waldschwimmbad-kniebis.de
RETRO AVIA-TANKSTELLE & BISTRO: Straßburger Straße 304, 72250 Freudenstadt
ALTERNATIVER WOLF- UND BÄRENPARK: Rippoldsauer Straße 36/1, 77776 Bad Rippoldsau-Schappach, Tel. 07839/91 03 80, www.baer.de/projekte/alternativer-wolf-und-baerenpark-schwarzwald

AUF EINEN BLICK

KLOSTER ALPIRSBACH: Klosterplatz, 72275 Alpirsbach, Tel. 07444/510 61, www.kloster-alpirsbach.de
ALPIRSBACHER KLOSTERBRÄU: Marktplatz 1, 72275 Alpirsbach, Tel. 07444/671 49, info@alpirsbacher.de, www.alpirsbacher.de
ALPIRSBACHER GLASBLÄSEREI: Krähenbadstraße 3, 72275 Alpirsbach, Tel. 07444/60 09, glasblaeserei-alpi@t-online.de, www.glasblaeserei-alpirsbach.de
BARFUSSPARK HALLWANGEN: Silberwaldstraße, 72280 Dornstetten, Tel. 07443/96 20 30, info@dornstetten.de, www.barfusspark.de

NATURCAMPING LANGENWALD

ADRESSE: Straßburgerstraße 167, 72250 Freudenstadt, Tel. 07441/28 62, info@camping-langenwald.de, www.camping-langenwald.de
ANFAHRT: Von Freudenstadt über die B28 Richtung Kniebis fahren. Nach 4,3 km liegt der Platz an der linken Straßenseite.
GPS: N 48°31'37", E 8°22'27"
Traumhaft gelegener und sehr liebevoll gestalteter Wohnmobilstell-

Stellplätze am Flüsschen auf dem Naturcamping Langenwald

Sternförmig steht man auf dem Stellplatz An den Heilquellen

platz mit kleinem Restaurant (nur für die Campinggäste) und angeschlossenem Laden, einem Museum zur Entstehungsgeschichte des Campingplatzes, Spielplatz und einem solarbeheizten Schwimmbad. Außerdem gibt es diverse Spielfelder, Tischtennis, eine Boulebahn und ein Lagerfeuerplatz. Und das Schönste: Mitten in der Natur gelegen und von Wald umgeben an einem idyllischen Bach und einem See. Blitzsaubere, moderne Sanitäranlagen.

REISEMOBILSTELLPLATZ AN DEN HEILQUELLEN

ADRESSE: Schwarzwaldstraße 40, 77740 Bad Peterstal, Tel. 07806/98 66 60, rezeption@an-den-heilquellen.de, www.an-den-heilquellen.de

ANFAHRT: Vom Zentrum von Bad-Peterstal-Griesbach die B28 in nordöstliche Richtung fahren, der Stellplatz liegt gleich rechter Hand.

GPS: N 48°26'02'', E 8°12'50''

Sehr schöner, gepflegter Platz mit geräumigen und von Rasenfläche umgebenen Stellplätzen und viel Grün. Mit Ver- und Entsorgung, Strom und Frischwasser. Platz für zehn Reisemobile mit einer Länge bis zu zwölf Metern. Brötchenservice. Zwei der genannten Premiumwanderwege führen direkt am Stellplatz vorbei.

DER MITTLERE SCHWARZWALD

Gutach und Triberg im geografischen Zentrum

Malerisch: Wolfach liegt am Zusammenfluss von Wolf und Kinzig im Kinzigtal.

6

Nicht nur wegen des günstigen Klimas, sondern auch wegen der vielen Möglichkeiten, eine Auszeit vom Alltag zu nehmen, ist Gutach im Herzen des Schwarzwaldes ein sehr empfehlenswertes Ausflugsziel. Berge, Wald, Wiesen und Felder – was braucht man mehr, um den Schwarzwald so richtig erleben zu können?

Die drei Orte Gutach, Hornberg und Lauterbach liegen im Gutachtal, einem Seitental des Kinzigtals, am südlichen Rand des Naturparks Schwarzwald Mitte/Nord. Auch Wolfach hat einiges zu bieten und in direkter Nachbarschaft befindet sich außerdem Triberg – bekannt für die berühmten Wasserfälle.

TYPISCH SCHWARZWALD

Nicht nur die Gegend in und um **Gutach** ist typisch für den ganzen Schwarzwald – auch das Symbol dieses wunderbaren Fleckchens Erde stammt aus diesem Ort: der Bollenhut. Das ist ein Strohhut mit aufgesetzten Bollen aus Wolle, der seit etwa 1800 zur Tracht der Frauen in den drei Gemeinden Gutach, Kirnbach und Hornbach-Reichenbach gehört. Auch heute noch werden Trachten und damit auch die malerischen Bollenhüte in vielen Schwarzwaldgemeinden an bestimmten Feiertagen, zu Prozessionen und Brauchtums-Veranstaltungen getragen.

Tipp

Dass es im Schwarzwald eine Vielzahl von Trachten gab, zeigt das Schwarzwälder Trachtenmuseum in Haslach, das im alten Kapuzinerkloster untergebracht ist. Es sind über 100 Schwarzwälder Originaltrachten ausgestellt und man erfährt einiges über den Bollenhut und seine Geschichte (Im Alten Kapuzinerkloster, 77716 Haslach im Kinzigtal, Tel. 07832/70 61 72).

Gutach trägt den amtlichen Zusatz **Schwarzwaldbahn**, um den Ort von Gutach im Breisgau zu unterscheiden. Über die Grenzen hinaus berühmt ist in Gutach vor allem das **Freilichtmuseum Vogtsbauernhof**. Als Erlebnismuseum zeigt der Vogtsbauernhof das Leben, Wohnen und Arbeiten der Menschen im Schwarzwald der letzten Jahrhunderte. Und das mit einem unglaublich großen Aufwand und einer beeindruckenden Zeitreise.

6

Mittelpunkt ist die rekonstruierte Schwarzwaldsiedlung, deren Bauernhöfe zum Teil 400 Jahre alt sind und entweder schon immer an dieser Stelle standen oder aber auch an anderen Orten im Schwarzwald abgebaut und hier wieder aufgebaut wurden. Hier kann man am besten nachvollziehen, wie die Menschen gelebt haben und wie sie sich eingerichtet haben.
Highlight sind aber sicherlich die unterschiedlichen Vorführungen und interaktiven Angebote, mit denen man mitten hineintaucht in die vergangenen Jahrhunderte. So sieht man eine Mühle, eine Hammerschmiede oder ein Back- und Brennhaus in Funktion und im Rahmen eines umfangreichen Veranstaltungsprogramms erlebt man Vorführungen und offene Werkstätten, die Besucher jeden Alters beeindrucken - und zum aktiven Mitmachen einladen. Schließlich stehen auch tägliche kostenlose Führungen auf dem Programm, man kann aber auch auf eigene Faust mit einem Audioguide losziehen. Da in diesem außergewöhnlichen Freilichtmuseum so viel geboten ist, sollte man für den Besuch einen ganzen Tag einplanen und sich vorher über das Veranstaltungsprogramm informieren.
In direkter Nachbarschaft zum Freilichtmuseum befindet sich in Form der **Sommerrodelbahn Gutach** das Kontrastprogramm. Das ist eine 1150 Meter lange Rodelbahn mit Tunneln und Schanzen, die man auf dem sogenannten Schwarzwaldbob hinabsaust. Mit Spitzengeschwindigkeiten von bis zu 50 Stundenkilometern kann das ein durchaus rasanter Fahrspaß sein. Bergauf wird man bequem mit einem Seilsystem gezogen. Zur Anlage gehören außerdem ein Biergarten und ein Kinderspielplatz.
Und auch nur einen Katzensprung entfernt, und wie der Vogtsbauernhof und die Sommerrodelbahn neben der B33, liegt der Barfußpark **Park mit allen Sinnen**. Auf einer Länge von 2,2 Kilometern begeht man ohne Schuhe und Strümpfe 15 unterschiedliche Untergründe. Eingeteilt ist der Park in die drei Erlebnisräume Raum der Farben und Töne, Audioraum und Urwaldraum. Duftpavillons, eine Hörstation, Blumentunnel und eine musikalisch beschallte Aussichtsterrasse sowie zahlreiche Ruheplätze zum Entspannen runden das Angebot des Naturparks ab. Nach dem Barfußlauf kann man die Füße an der Fußwaschanlage säubern.
Als weitere Attraktion wird es künftig in Gutach eine **Modelleisenbahn-Anlage** geben. Eine solche wurde bis 2018 in Hausach betrieben, dort jedoch geschlossen. Die Anlage wird in der Halle neben dem Supermarkt

▲ Fahrspaß auf der Sommerrodelbahn ▼ Von der Hornberger Altstadt blickt man auf den Schlossberg. ▶ Mit allen Sinnen im Barfußpark wandeln

Norma untergebracht und äußerlich dem Bahnhof Himmelreich (an der Höllentalbahn im Hochschwarzwald) nachempfunden werden.

DAS HORNBERGER SCHIESSEN

Wenden wir uns dem Nachbarort **Hornberg** zu – er ist keine 5 Kilometer von Gutach entfernt. Bekannt ist das Schwarzwalddorf im Gutachtal vor allem durch das Sprichwort »Das geht aus wie das Hornberger Schießen.« Das kommt daher, dass einmal der Herzog in Hornberg erwartet wurde. Auf dem Schlossberg warteten blankgeputzte Kanonen, die den Ehrengast mit einem Salut begrüßen sollten. Der Herzog ließ an diesem warmen Tag lange auf sich warten. Als endlich ein Reitertrupp gesichtet wurde, böllerten die Kanonen los und die Leute jubelten. Als das Pulver verschossen war, kam ein Bote mit der Nachricht, dass dies erst die Vorhut war und weitergeböllert werden müsse – da war jedoch das ganze Pulver verschossen. Als der Herzog in die Stadt einzog, war dann alles still. Deshalb sagt man noch heute, wenn etwas sang- und klanglos im Sande verläuft: »Das geht aus wie das Hornberger Schießen.«

Wie eine Modelleisenbahn wirkt der Ort Hornberg mit seinem Viadukt.

Das Theaterstück zum Sprichwort wird als Dauerbrenner jährlich als Volksschauspiel auf der **Freilichtbühne Hornberg** aufgeführt. Auf dem Programm der vorzüglichen Bühne stehen außerdem ein Familienstück und eine Komödie. Ein Theaterverein inszeniert die Stücke mit Laienschauspielern in prachtvollen Kostümen und vor einer tollen Kulisse sehr professionell.

Ein weiteres Highlight wurde bereits genannt: der historische **Schlossberg**. Mitsamt seiner Burgruine und dem unterhalb liegenden Hotel-Restaurant Schloss Hornberg mit Biergarten inklusive Aussicht thront er über dem Städtchen und man genießt Blicke, die so unwirklich schön sind, dass die Landschaft wie die einer Modelleisenbahn wirkt. Es ist auch so ziemlich die einzige Stelle, von der aus man gut das **Viadukt** sieht, eine 150 Meter lange Gewölbebrücke der Schwarzwaldbahn in 24 Metern Höhe über das Reichenbachtal. Das verstärkt den Eindruck einer Modelleisenbahnszenerie zusätzlich und ist ein schönes Fotomotiv. Der Schlossberg mit Burgruine und Schlosshotel ist auch von der Hornberger Altstadt aus betrachtet ein wunderschöner Anblick.

Tipp

Vom Bahnhof Hornberg aus sind es nur wenige hundert Meter hinüber zum Schlossberg. Wer den kürzesten Weg hinauf zur Burgruine gehen möchte, nimmt den Fußpfad auf der stadtzugewandten Seite (Zugang hinter dem Hotel Adler). Der Anstieg ist ziemlich steil, aber lohnt jede Mühe. Denn zu Füßen liegt dann Hornberg, eingerahmt von der Bergwelt.

Hornberg punktet mit zahlreichen, gut markierten Wanderwegen (wie zum Beispiel dem Mühlenwanderweg) und einem ansehnlichen Zentrum mit Rathaus, Johanniskirche und Gutachkanal. Zudem sollten wir ein weiteres Symbol des Schwarzwaldes kennenlernen, die **Kuckucksuhr**. Im Haus der Schwarzwalduhren kann man die **Hornberger Uhrenspiele** bestaunen: Im Hornberger Ortsteil Niederwasser grüßt aus einer haushohen Kuckucksuhr zu jeder halben und vollen Stunde der Kuckuck. Die 10,80 Meter hohen und 11,50 Meter breiten Uhrenspiele findet man sogar als breiteste Kuckucksuhr im Guinness-Buch der Rekorde. 21 bewegliche Figuren, darunter Schwarzwälder Trachtenpaare, ein Kaminfeger und Stammtischbrüder, tanzen zur Musik oder prosten sich gegenseitig zu. Im angrenzenden Laden kann man die typischen Schwarzwalduhren in allen Ausführungen und sonstige Souvenirs erwerben.
Ein Abstecher nach **Lauterbach** lohnt sich, es ist ein Wanderdorf wie aus dem Bilderbuch. Der Schwarzwald liegt quasi direkt vor der Haustür, das Landschaftsschutzgebiet Sulzbachtal erstreckt sich als Seitental vom Lautenbachertal gen Westen und von der Passhöhe Fohrenbühl ergeben sich sagenhafte Panoramablicke. Im Sommer ist Wandern auf einem der zahlreichen Wanderwege (darunter einige Themen- und Qualitätswege) angesagt, auch Walken, Mountainbiken oder Klettern stehen auf dem Aktivitätenprogramm.

INS KINZIGTAL

Wenden wir uns den Zielen nördlich von Gutach zu. Hier kommen wir als erstes durch **Hausach.** Der Beiname »Stadt unter der Burg« nimmt es vorweg: Eine Burg dominiert die Kulisse. Die mittelalterliche **Burg Husen**, im Jahr 1220 erbaut, hatte die Funktion, die umliegenden Silbergruben zu schützen. Im Dreißigjährigen Krieg wurde sie zerstört und nicht wieder-

Die Burg Husen aus dem Mittelalter bewacht das Kinzigtal.

aufgebaut, sodass heute nur der Bergfried, Teile der Palastmauer und des Batterieturms übrig sind, die in den 1980er-Jahren saniert wurden.

Tipp

Von Mai bis Oktober gibt es jeden ersten Sonntag im Monat von 14 bis 18 Uhr eine Turmöffnung mit Bewirtung und buntem Programm. Mehr Infos hierzu findet man unter www.hausach.de. Immer um 15 Uhr führt der Vogt die Gäste mit unterhaltsamen Geschichten auf den Turm.

Eine tolle Fernsicht bietet ein 34 Meter hohe Aussichtsturm auf dem Berg **Urenkopf**. Der 2014 erbaute Turm überragt den Wald und ermöglicht so einen malerischen Panoramablick. Man erreicht den Aussichtsturm nur zu Fuß – der nächstgelegene Parkplatz ist der der KZ-Gedenkstätte Vulkan, von wo aus man in etwa einer halben Stunde Fußmarsch zum Turm gelangt. Will man eine längere Wanderung daraus machen, kann man hierfür die Waldsee-Route mit 6,7 Kilometern und 357 Höhenmetern oder die 10,4 Kilometer lange Teufelskanzel-Route mit 406 Höhenmetern in Angriff nehmen. Eine Abkühlung nicht nur nach dem Wandern bietet der **Badepark Hausach**. Ausgestattet mit einem Hallenbad (mit Sauna) und einer großen Freibad-Anlage (mit mehreren Becken, Rutsche und Liegewiese) ist der Badepark ein Ganzjahresziel.

Ebenfalls im Kinzigtal liegt Wolfach. Hier ist ein Besuch der Glasbläserei **Dorotheenhütte Wolfach** empfehlenswert. Es ist die letzte aktive Mundblashütte im Schwarzwald. Man kann dabei den Glasbläsern und Glasschleifern nicht nur über die Schulter schauen, sondern unter fachkundiger Anleitung auch selbst ein Unikat herstellen. Das ist täglich von 9 bis 17 Uhr für einen Unkostenbeitrag möglich. Das zugehörige Glasmuseum zeigt rund 2000 Jahre Glasgeschichte, angefangen beim Mineral über die ersten Trinkgefäße bis hin zu den heutigen, größtenteils filigranen Gläsern. Außerdem gibt es die größte Sammlung historischen Christbaumschmucks der Region zu bewundern. Die Ausstellung wird mit einem Film eingeleitet. Ein Gläserland, ein Weihnachtsdorf und ein Shop vervollständigen das Angebot.

Mit oder ohne Kinder lohnt sich ein Besuch der **Grube Clara**, bei der man mit bereitgestelltem Werkzeug auf Schatzsuche gehen kann. Auf einer Halde zwischen Wolfach und Kirnbach wird das Gestein aus der Grube täglich neu aufgeschüttet, das heißt, man wird beim Steineklopfen und auf der Suche nach einem ganz besonderen Stück ganz bestimmt fündig. Vor allem der blaue Azurit, Quarz und Silberspat müssen aus den angelieferten Brocken herausgearbeitet werden. Bereits über 400 verschiedene Mineralien wurden auf diese Weise gefunden. Für Kinder wird Goldwaschen angeboten.

◀ Die Kinzig schlängelt sich durch ihr Tal. ▶ Aussichtsturm Urenkopf

Tipp

Wer sich ausgiebiger mit der Thematik Mineralien auseinandersetzen möchte, dem sei das Museum für Mineralien und Mathematik Oberwolfach (MiMa) ans Herz gelegt. Neben einem Einblick in die Welt der Mineralien der Region und in die Welt der Mathematik, werden als Verbindungselemente zwischen beiden Welten Installationen dargeboten, beispielsweise zum Thema Symmetrie und Kristallografie.

Eigentlich braucht man jedoch in Wolfach gar nicht so viel Action. Ein Bummel durch die **historische Innenstadt** mit den Bürgerhäusern bietet ein wunderbares Ambiente. Hier befindet sich auch das mächtige **Fürstenberger Schloss** – mit 110 Meter Länge ist es eins der größten Schlösser in Mittelbaden. Darin untergebracht sind unter anderem die Schlosskapelle sowie das Flößer- und Heimatmuseum. Sehenswert und höchst fotogen ist das **Rathaus** mit seiner Sandsteinfassade, den Wandmalereien und Fresken. Kulinarisch verwöhnen lassen kann man sich auf der Wolfacher Hauptstraße, der früheren Markstraße mit Wochen- und Jahrmärkten. Hier findet man nicht nur viele Cafés und Restaurants, sondern kann auch einen Einkaufsbummel durch die Läden unternehmen. Die Straße wird durch das Untere Tor, ein Relikt der früheren Stadtbefestigung, betreten. Liebhaber schöner Fernblicke zieht es hinauf zur **Burgruine Schlössle**, ein mittelalterliches Gemäuer, oder zum Aussichtspunkt **Pavillon am Reutherberg** – ein steiler Weg führt hinauf und legt dem Wanderer zur Belohnung die Stadt zu Füßen. Noch höher hinaus geht es zum **Spitzfelsen** zwischen Wolfach und Hausach. Hier gleitet der Blick sowohl über Wolfach und das Kirnbachtal, als auch Richtung Hausach und das Kinzigtal. Am Gipfel (mit Gipfelkreuz) befindet sich eine gemütliche Schutzhütte.

Wer den Nervenkitzel sucht, dem sei ein Besuch der **Hirschgrund Zipline Area Schwarzwald** empfohlen. Nordöstlich von Wolfach, im Heubachtal bei Schiltach, kann man à la Tarzan an rasanten Seilrutschen durch den Wald fliegen. Gut gesichert mit einem Geschirr und Helm erklimmt man über schmale Bergpfade die Stationen, bevor man über die Tannenwipfel an einem Drahtseil hinabsaust. An zwei kurzen Übungsstrecken kann man noch Mut sammeln, dann stellt man sich fünf längeren Ziplines.

Durch das Untere Tor betritt man die schöne Altstadt von Wolfach.

◀ Naturspektakel Triberger Wasserfälle ▲ In mehreren Kaskaden stürzen sich die Fälle hinab. ▼ Frühere Zeiten im Schwarzwaldmuseum Triberg

WASSERFALL ALS RAUSCHENDES HIGHLIGHT

Im südlichen Teil des Mittleren Schwarzwaldes liegt die Gemeinde **Triberg** und man kann es drehen und wenden, wie man will – auf der Suche nach der großen Attraktion am Ort trifft man immer wieder auf die **Triberger Wasserfälle**. Sie sind ihres Zeichens Deutschlands höchste Wasserfälle (außerhalb der Alpenregion). Mit einer Fallhöhe von 163 Metern überwinden die Wassermassen der Gutach mehrere Hauptstufen, die sich in zwei Kaskadengruppen aufteilen: drei Hauptstufen der oberen Fälle und anschließend sieben Stufen der Hauptfälle, der bekanntere Teil der Wasserfälle. Imposant ist das berauschende Naturschauspiel zur Schneeschmelze oder nach starkem Regen.
Der Zutritt zum Gelände ist kostenpflichtig. Es stehen neben dem von der Stadtmitte aus gut zu Fuß erreichbaren Haupteingang vier weitere Zugänge zur Verfügung. Ein Steg, dessen Plattform sich direkt am unteren Hauptfall befindet, erlaubt einen besonders exklusiven Blick – zuzüglich der Tatsache, dass man die Gischt im Gesicht spürt.
Im Rahmen von drei Spazierwegen kann man das Terrain ein wenig intensiver kennenlernen. Der kürzeste Weg ist der **Kaskadenweg**, der von der Plattform aus bis knapp oberhalb der zweiten Brücke über dem Wasserfall

6

führt (45 Minuten Gehzeit). Der **Kulturweg** beinhaltet zusätzlich Sehenswürdigkeiten der Stadt Triberg – zum Beispiel das Schwarzwaldmuseum oder die barocke Wallfahrtskirche – und endet an der ersten Brücke über dem Wasserfall (Gehzeit etwa 1 Stunde). Den größten Informationswert bietet der **Naturweg**, der rechts und links neben dem Wasserfall mit Infotafeln versehen durch den Wald führt (1,5 Stunden Gehzeit).

Tipp

Keinesfalls entgehen lassen sollte man sich den Wasserfall am Abend, denn er ist bis 22 Uhr beleuchtet – ein sehr stimmungsvoller Anblick. Wer im Winter in Triberg ist, erlebt die Wasserfälle im Weihnachtszauber mit 750 000 Lichtern – untermalt ist die fünftägige Veranstaltung Ende Dezember mit Shows, Livemusik und Vorführungen. Den Termin und weitere Infos gibt es unter www.triberger-weihnachtszauber.de.

Neben dem Wasserfall ist der **Greifvogel- und Eulenpark** beheimatet. Auf einer Natursteinbühne werden einstündige Flugvorführungen mit Falken, Habichten, Bussarden und Eulen gezeigt. Ein Museum und eine Vogelkundeausstellung ergänzen das Angebot. Nebenbei genießt man von der Parkanlage aus schöne Ausblicke auf die Stadt Triberg und den Schwarzwald.

Triberg verfügt über ein **Schwarzwaldmuseum** – es steht unter dem Motto »Sehen – Hören – Staunen!«. Beleuchtet werden neben der kulturellen und wirtschaftlichen Vergangenheit der Schwarzwälder einmal mehr die charakteristische Schwarzwalduhr, die Schwarzwaldbahn, die Schwarzwälder Trachten und alte Handwerksstätten. Aber auch der Wintersport in Form von antiken Rodelschlitten und wuchtigen Skiern sowie mechanische Musikinstrumente, die man mit einem Münzeinwurf in Gang bringen kann, sind ausgestellt. Im selben Gebäude befindet sich übrigens die Tourist-Info.

Die **weltgrößte, begehbare Kuckucksuhr** ist eine weitere Attraktion in Triberg. Sie befindet sich innerhalb des Eble Uhrenparks am nördlichen Stadtrand von Triberg. Die Fassade des Fachwerkhäuschens wird dominiert vom Ziffernblatt und jede halbe und volle Stunde erscheint ein Kuckuck (letzter Ruf um 19.30 Uhr). Das Besondere ist, dass man die

◀ Uhren erwachen in Hornberg zum Leben ▶ Haus der tausend Uhren

hausgroße Kuckucksuhr auch von innen begehen und das offenliegende hochkomplexe Uhrwerk bestaunen kann. Dessen Pendel ist stolze 8 Meter lang. Der geschnitzte Uhrenträger Johann erklärt nach Münzeinwurf auch bereitwillig die Funktionsweise der vielschichtigen Technik. Durch den Uhrenpark und einen Laden mit unendlich vielen Schwarzwalduhren, die man kaufen kann, geht es zurück nach draußen.

Tipp

Direkt gegenüber der Riesen-Kuckucksuhr kann man zur Besucherplattform Vierbahnenblick aufsteigen. Eine ausragende Plattform an einem exponierten Felsen eröffnet den Blick auf einen großen Streckenteil der Schwarzwaldbahn. Dieser Aussichtspunkt ist Teil des Schwarzwaldbahn-Erlebnispfades (schwarzwaldbahn-erlebnispfad.de).

Wer sich einen Rundum-Überblick über Triberg verschaffen möchte, kann dies an Bord der Mini-Bahn **Wasserfall-Express** tun. Im Rahmen einer moderierten Stadtrundfahrt erfahren die Fahrgäste von Mai bis Oktober viel Spannendes und Informatives über die Stadt und ihre Sehenswürdigkeiten. Mit einer Tageskarte kann man beliebig oft aus- und wieder zusteigen.

TÜRME, TORE UND VIEL FACHWERK …

… sind die Kennzeichen des traumhaft schönen Ortes **Gengenbach**. Der Ort ist zwar 45 Kilometer von Triberg entfernt (Richtung Offenburg), aber jeden Kilometer Fahrstrecke wert. Denn die Bezeichnung »eines der schönsten Städtle Deutschlands« trägt Gengenbach nicht von ungefähr. Das mittelalterliche Stadtbild, das wie eine Modelleisenbahnkulisse wirkt, ist geprägt von Türmen, Toren und Teilen einer Stadtmauer. Im Mittelpunkt all der Fachwerk-Pracht befinden sich das klassizistische **Rathaus** und der **Marktplatz** mit seinem Marktbrunnen mit einem steinernen Ritter. Sehenswert ist außerdem die Stadtpfarrkirche, die ehemalige **Benedik-**

6

tinerklosterkirche St. Maria. Vor allem der barocke Turm von 1716 ist ein Blickfang. Im liebevoll angelegten Kräutergarten an der Rückseite der Kirche lässt es sich schön flanieren.

Was die Türme anbelangt, so sind diese nicht nur schön anzusehen, sondern beinhalten auch die eine oder andere Attraktion. Im **Niggelturm** beispielsweise ist ein **Narrenmuseum** untergebracht. Darin verbirgt sich die 500 Jahre umfassende Geschichte der Gengenbacher Fasend. Über mehrere Stockwerke gibt es eine liebevoll zusammengestellte Ausstellung zur Narretei mit Kostümen und Masken der alemannischen Fasnacht, untergebracht in dem wohl schönsten Turm der Stadt mit einer tollen Aussicht von ganz oben auf den Ort und die Umgebung. Die fünfte Jahreszeit wird in Gengenbach übrigens großgeschrieben – wer also um die Faschingszeit vor Ort ist, erlebt das Städtchen im Ausnahmezustand …

◀ Gässchen wie aus einer anderen Welt in Gengenbach, … ▲ … das Benediktinerkloster St. Maria … ▼ … und das klassizistische Rathaus – alles wunderschön!

6

Das Wahrzeichen Gengenbachs ist der **Kinzigtorturm**, durch den man die Altstadt betritt. Das schmucke Bauwerk ist mit 40 Metern der höchste Stadtturm. In ihm wohnte lange der Türmer der Stadt, der auf nahende Gefahren wie Feuer oder herannahende Flößer auf der Kinzig achtete – der Turm diente auch der Stadtverteidigung. Heute ist darin das **Wehrgeschichtliche Museum** der Gengenbacher Bürgergarde untergebracht. Requisiten wie Gewehre und Degen sind auf sechs Etagen zu sehen und im obersten Stockwerk kann man eine originalgetreu nachgebaute Türmerwohnung besichtigen.

Gengenbach betritt man durch das Kinzigtor.

AUF EINEN BLICK

Info

STADT/REGION: Gutach/Ortenaukreis
BESTE REISEZEIT: Ganzjährig
OPTIMALE REISEDAUER: 3 Tage
TOURIST-INFO: Tourist-Info Gutach, Hauptstraße 38, 77793 Gutach (Schwarzwaldbahn), Tel. 07833/93 88 50, info@gutach-schwarzwald.de, www.gutach-schwarzwald.de
Tourist-Info Hornberg, Bahnhofstraße 3, 78132 Hornberg, Tel. 07833/793 44, tourist-info@hornberg.de
Kultur- und Tourismusbüro Hausach, Hauptstraße 34, 77756 Hausach, Tel. 07831/79 75, tourist-info@hausach.de
Tourist-Info Wolfach, Hauptstraße 41, 77709 Wolfach, Tel. 07834/83 53 53, info@wolfach.de, www.wolfach.de
Kultur- und Tourismus Gengenbach, Im Winzerhof, 77723 Gengenbach, Tel. 07803/93 01 43, tourist-info@stadt-gengenbach.de,

SEHENSWÜRDIGKEITEN

FREILICHTMUSEUM VOGTSBAUERNHOF: Wählerbrücke 1, 77793 Gutach (Schwarzwaldbahn), Tel. 07831/935 60, info@vogtsbauernhof.de, www.vogtsbauernhof.de
SOMMERRODELBAHN GUTACH: Singersbach 1a, 77793 Gutach (Schwarzwaldbahn), Tel. 07831/96 55 80, info@wiegandslide.de, www.sommerrodelbahn-gutach.de
PARK MIT ALLEN SINNEN: Hauptstraße 103, 77793 Gutach (Schwarzwaldbahn), Tel. 0172/ 906 02 41, info@parkmitallensinnen.de, www.parkmitallensinnen.de/kontakt
FREILICHTBÜHNE HORNBERG: Am Storenwald 24, 78132 Hornberg, Tel. 07833/76 06 (Tickethotline) oder 07833/96 58 85 (Info-Bandansage), www.freilichtbuehne-hornberg.de
HAUS DER SCHWARZWALDUHREN: Landstraße 7, 78132 Hornberg, Tel. 07833/80 37, info@haus-der-schwarzwalduhren.de, www.haus-der-schwarzwalduhren.de

AUF EINEN BLICK

BADEPARK HAUSACH: Schanze 3, 77756 Hausach, Tel. 07831/825 22
DOROTHEENHÜTTE WOLFACH: Glashüttenweg 4, 77709 Wolfach, Tel. 07834/839 80, info@dorotheenhuette.de, www.dorotheenhuette.de
MINERALHALDE DER GRUBE CLARA: Kirnbacher Straße 3, 77709 Wolfach, Tel. 07834/86 77 72, info@mineralienhalde.de, www.mineralienhalde.com
MIMA: Mineralien- und Mathematikmuseum Oberwolfach, Schulstraße 5, 77709 Oberwolfach, Tel. 07834/94 20, info@mima.museum.de, www.mima.museum
HIRSCHGRUND ZIPLINE AREA SCHWARZWALD: Gewerbepark H.A.U. 22, 78713 Schramberg, Tel. 07422/24 06 93, kontakt@hirschgrund-zipline.de, www.hirschgrund-zipline.de
TRIBERGER WASSERFÄLLE (HAUPTEINGANG): Hauptstraße 85, 78098 Triberg im Schwarzwald, Tel. 07722/27 24
GREIFVOGEL- UND EULENPARK TRIBERG: Wallfahrtstraße 11, 78098 Triberg im Schwarzwald, Tel. 0160/369 63 27, info@greifvogelpark-triberg.de, www.greifvogelpark-triberg.de
SCHWARZWALDMUSEUM: Wallfahrtstraße 4, 78098 Triberg im Schwarzwald, Tel. 07722/44 34, info@schwarzwaldmuseum.de, www.schwarzwaldmuseum.de
WELTGRÖSSTE KUCKUCKSUHR: Schonachbach 27, 78098 Triberg im Schwarzwald, Tel. 07722/962 20, info@uhren-park.de, www.uhren-park.de
WASSERFALL-EXPRESS TRIBERG: www.wasserfallexpress.de
NARRENMUSEUM NIGGELTURM: Hauptstraße 39, 77723 Gengenbach, Tel. 07803/57 49, info@narrenmuseum-niggelturm.de, www.narrenmuseum-niggelturm.de

Ruhige Lage: Trendcamping Wolfach

WEHRGESCHICHTLICHES MUSEUM IM KINZIGTOR:
Hauptstraße, 77723 Gengenbach, Tel. 07803/93 01 43

TRENDCAMPING WOLFACH

ADRESSE: Schiltacher Straße 80, 77709 Wolfach,
Tel. 07834/85 93 09, info@trendcamping.de, www.trendcamping.de
ANFAHRT: Der B33 von Gutach Richtung Norden bis zur Kreuzung mit der B294 folgen. Rechts abbiegen, nach etwa 8 km befindet sich der Platz linker Hand.
GPS: N 48°17'27", E 8°16'40"
Geheimtipp für Ruhesuchende! Sehr empfehlenswerter, kleiner, feiner Platz inmitten der Natur im Kinzigtal, auf das man vom ganzen Gelände aus schöne Blicke hat. Gepflegte Sanitäreinrichtungen mit Duschen und abschließbaren Räumen mit Waschbecken. Große, nicht parzellierte Stellplätze, Ver- und Entsorgung, Wasser und Strom vorhanden. Mit Restaurant, Biergarten und Terrasse mit tollem Ausblick. Gasflaschen- und Brötchenservice und auch Frühstück wird angeboten.

LYNX CAMP & CAMPING

ADRESSE: Friedhofstraße 18, 78141 Schönwald im Schwarzwald,
Tel. 07722/868 67 86, info@lynx.camp, www.lynx.camp
ANFAHRT: Ab Triberg auf die B500 in südliche Richtung fahren, bis rechts die Friedrich-Ludwig-Straße abzweigt, hier abbiegen, dann links auf die Rhonstraße und über die Friedhofstraße zweimal rechts zum Campingplatz
GPS: N 48°06'28", E 8°12'03"
Naturnaher Platz inmitten alter Tannenbäume, der Erholung und Entspannung bietet, aber auch Ausgangspunkt für Aktivitäten ist. Liebevoll gestaltet und aufmerksam geführt, jedoch nicht ganz kostengünstig. Die Triberger Wasserfälle sind zu Fuß in 3,5 Kilometern erreichbar. Schattiger, ebener Platz. Mit Brötchenservice, kleiner Sanitäranlage, Ver- und Entsorgung, Wasser und Strom. Hunde sind sehr willkommen.

ATTRAKTIVE STADT IM DOPPELPACK

Villingen-Schwenningen im östlichen Schwarzwald

Malerisch schängelt sich ein Bächlein durch Villingens Altstadt.

7

Hervorgegangen aus einer Gemeindereform liegt die Doppelstadt Villingen-Schwenningen am Ostrand des Mittleren Schwarzwaldes im Quellgebiet von Neckar und Donau. Das geschichtsträchtige Villingen, das moderne Schwenningen sowie Ausflüge nach Bad Dürrheim und Donaueschingen sind einen Kurztrip wert.

Die beiden Zentren der Doppelstadt liegen acht Kilometer auseinander – dazwischen verläuft sowohl die Europäische Wasserscheide als auch die Grenze der ehemaligen Länder Württemberg und Baden. Im nur wenige Kilometer entfernten Donaueschingen fließen die beiden Quellflüsse der Donau, Brigach und Breg, zusammen. Im Schwenninger Moos östlich der Doppelstadt befindet sich das Quellgebiet des Neckars. Weiter südlich findet man unweit der Donau- und Neckarquellen mit Bad Dürrheim das in Europa höchstgelegene Solebad in malerischer Umgebung. Genug zu tun also für einen abwechslungsreichen Ausflug!

STADTTEIL VILLINGEN

Das Zentrum von **Villingen** hat einen mittelalterlichen Stadtkern mit dem frühgotischen **Münster «Unserer Lieben Frau«**, dem **Münsterbrunnen** und der noch fast völlig intakten **Stadtmauer** mit den mächtigen Wehr- und Tortürmen sowie dem spätgotischen **Rathaus**. Dazwischen prangen überall bildhübsche Fachwerkhäuschen und es plätschern munter Bäche durch die verwinkelten Gassen.

Eine große Bedeutung kommt der Villinger Stadtbefestigung zu. Sie besteht aus der größtenteils erhaltenen, inneren Stadtmauer, die in ihrem heutigen Erscheinungsbild zu Beginn des 18. Jahrhunderts errichtet wurde. Von ursprünglich 22 Türmen und Toren existieren noch zehn Stück, die bewundert werden können – sie alle aufzuzählen, würde an dieser Stelle den Rahmen sprengen. Ein Spaziergang durch die Stadt und entlang der Stadtmauer mit dem begrünten ehemaligen inneren Graben führt an ihnen vorbei.

Ein wenig in der Vergangenheit der Traditionsstadt stöbern kann man im stadtgeschichtlichen **Franziskanermuseum**. Die Ausstellung dreht sich sowohl um die Stadtgeschichte und das ehemalige Franziskanerkloster, als auch um den Schwarzwald, die Kelten und die Fastnacht. Dazu kommen wechselnde Sonderausstellungen. Veranstaltungen wie das Museumsfest (mit Führungen, Auftritten und verschiedenen Stationen) oder der Keltentag (mit keltischem Lager und Handwerkern, Kriegern und Händlern in Kostümen sowie handwerklichen Vorführungen) runden das Angebot ab. Ein Kleinod ist der Villinger **Kurpark**. Highlight hier sind die **Majolika-Figuren**, die die typische Gartenkunst der 1930er Jahre dokumentieren. Sie stehen als Gesamtheit seit 2014 unter Denkmalschutz. Der Park gliedert sich in einen naturbelassenen Teil mit einem Teich und einem Rundweg sowie einen nach der Architektur der Weimarer Zeit angelegten Teil mit Treppenanlagen, Blumen- und Staudenrabatten und Natursteinmauern. Den Kurpark erreicht man vom Bahnhof aus in einem 20-minütigen Spaziergang entlang der Brigach.

STADTTEIL SCHWENNINGEN

Ein bisschen versprüht der Stadtteil Schwenningen noch den nostalgischen Charme eines Bauerndorfes, gepaart mit Moderne und mit einem traditionell vorhandenen Fokus auf der Uhrenindustrie. Dieser Tatsache werden vor allem durch das **Heimat- und Uhrenmuseum** beim Marktplatz und das Uhrenindustriemuseum Rechnung getragen. Ersteres ist in einem Fachwerk-Bauernhaus untergebracht. Neben vielen Uhren und Maschinen und deren Herstellung erfährt man einiges über die Stadt- und Kulturgeschichte Schwenningens. Etwas mehr Interaktion erlebt man im **Uhrenindustriemuseum**, in dem man bei Vorführungen einen Einblick in die Technik der Uhrenproduktion erhält – garniert mit Anekdoten aus vergangenen Zeiten. Das Museum ist in den Fabriksälen der ehemaligen Württembergischen Uhrenfabrik untergebracht.
Sehenswerte Gebäude in Schwenningen sind ein bisschen über das Stadtgebiet verteilt – erwähnenswert sind das **Rathaus** mit den beiden Mosaiken an der Stirnseite der Fassade, das **evangelische Pfarrhaus**, die **Pauluskirche** mit ihrem markanten sechseckigen Turm und die fotogene alte **Feuerwache**, in der nach der Restaurierung nun eine Schule untergebracht ist. Etwas außerhalb ist die denkmalgeschützte **Aussegnungshalle** von 1928 auf dem Waldfriedhof ein Beispiel expressionistischer Architektur – vor allem im Kontrast zu dem neu erbauten, modernen Krematorium ein Blickfang.

◀ »Lesender« an der Neckarquelle ▶ Kur- und Erlebnispark Bad Dürrheim

Ebenfalls etwas außerhalb der Stadt ist das **Schwenninger Moos** einen Besuch wert. Das ist ein drei Quadratkilometer großes Regenmoor auf der Hochebene Baar. Durch das Naturschutzgebiet verläuft die Europäische Wasserscheide. Ein Wanderweg führt durch das Kerngebiet des Schwenninger Mooses mit einem Steg, von dem aus man die Moorfläche hin und wieder sehen kann. Ein weiteres Natur-Highlight ist die **Neckarquelle**, die Hauptquelle des Neckars, die sich im **Stadtpark Möglingshöhe** befindet. Der zum Teil waldartige Park bietet weitläufige Spazierwege, einen Spielplatz und den Sommerfestplatz.

SALZHALTIGE KURSTADT

Südwestlich von Villingen-Schwenningen liegt **Bad Dürrheim**, das mit einigen Gesundheitsaspekten versehen ist – nämlich als Kneipp-Kurort, Solebad und Heilklimatischer Kurort – und nebenbei das höchstgelegene Solebad Europas. Mit der Lage zwischen dem Schwarzwald und der Schwäbischen Alb ist Bad Dürrheim ein landschaftlich reizvolles Ausflugsziel. Nicht nur bei schlechtem Wetter könnte das Wellness- und Gesundheitszentrum **Solemar** auf dem Programm stehen. Das ist eine 13.500 Quadratmeter große Wohlfühllandschaft mit zahlreichen Becken, einer Sauna, einer Salinenwelt und einer Salzgrotte. Wellness an der frischen Luft ist möglich im **Kur- und Erlebnispark** mit Kneippanlage, Klimapavillon, PitPat und Adventure-Golf, einem Fitness-Parcours und dem Bad Dürrheimer Atemweg. Am Rande des Kurparks fühlt man sich wie an der Nordsee – zumindest geruchsmäßig. Denn dort wird Sole über ein **Gradierwerk**

Der Sonnenuntergang am Salinensee ist besonders stimmungsvoll.

geleitet (das ist ein mit Reisig gefülltes Holzgerüst) und dadurch wird die Luft mit Salzaerosol angereichert. Im Kurpark sind Hunde nicht erlaubt. Die Salzherstellung prägt den Kurort noch heute. Die am Ende des 19. Jahrhunderts erbauten, fotogenen **Bohrtürme** der Saline sind ein Relikt der Salzherstellung. Daran erinnert auch der **Salinensee** am nordöstlichen Stadtrand, ein beschauliches Gewässer, das durch die Aufstauung des Stadtbaches Stille Musel entstanden ist. Ein kurzer Spaziergang führt einmal außenherum – das ist besonders schön zum Sonnenuntergang.

GENIESSERPFAD HIMMELBERG RUNDE Ausblicke auf die Baar, den Feldberg und bei klarer Sicht auf die Schweizer Alpen bietet dieser 10,5 Kilometer lange Rundweg, der in Bad Dürrheims höchstgelegenem Stadtteil Öfingen an der Bushaltestelle Bühlstraße startet. Zunächst geht es durch das Feriendorf, anschließend auf schmalen Wanderwegen durch eine Heckenlandschaft, von wo aus man bereits Ausblicke bis zum Hochschwarzwald genießen kann. Nun wandern wir in einem Bogen und durch Wälder zum Himmelberg. 223 Höhenmeter sind für den Gipfelaufstieg auf den Himmelberg zu bewältigen. Die Belohnung am Aussichtspunkt auf 941 Metern Höhe lässt jedoch alle Strapazen vergessen. Am Westhang führt schließlich der Weg hinab zurück nach Öfingen.

7

AM URSPRUNG DER DONAU

Südlich von Villingen-Schwenningen gelangen wir schließlich nach **Donaueschingen**. Highlight der Stadt mit ihren 21.500 Einwohnern ist die Donauquelle, die Donaueschingen den Beinamen »Geburtsort der Jungen Donau« eingebracht hat. Also ist es nur verständlich, dass das Herzstück der Stadt und natürlich Besuchermagnet die eingefasste **Donauquelle** ist. Sie befindet sich direkt unterhalb der **Stadtkirche St. Johann** und neben dem hübsch angelegten Schlosspark mitten im Zentrum von Donaueschingen. Regenwasser aus dem Schwarzwald versickert in der Erde, fließt unterirdisch bis zum Rand des Schwarzwaldes und taucht als Quelle in Donaueschingen wieder auf. Damit ist die Reise aber noch nicht beendet, denn das Quellwasser fließt als Donaubach unter dem Schlosspark weiter und schließlich beim Donautempel in die Brigach. Hier, am Rande des Schlossparkes, fließen außerdem die beiden Flüsschen Brigach und Breg zusammen und werden zur Donau – nun deutlich als Fluss wahrnehmbar. Man kann den Zusammenfluss von Brigach und Breg von der Innenstadt aus über einen Spazierweg erreichen. Dabei passiert man auch das **Fürstlich Fürstenbergische Schloss**, das im Stil des Historismus erbaut wurde. Das Residenzschloss ist im Besitz des Adelsgeschlechtes Fürstenberg, kann aber zu festgesetzten Zeiten im Rahmen von Führungen besichtigt werden (von April bis September nach Voranmeldung).

◀ Noch eine Quelle: Donauquelle in Donaueschingen ▶ Nebenan der Stadtpark

AUF EINEN BLICK

Info

STADT/REGION: Villingen-Schwenningen/ Schwarzwald-Baar-Kreis
BESTE REISEZEIT: Ganzjährig
OPTIMALE REISEDAUER: 1–2 Tage
TOURISTINFO: Tourist-Info & Ticket Service Villingen, Franziskaner Kulturzentrum, Rietgasse 2, 78050 Villingen-Schwenningen, Tel. 07721/82 23 40, tourist-info@villingen-schwenningen.de, www.villingen-schwenningen.de
Tourist-Info & Ticket Service Schwenningen, Bahnhof Schwenningen, Erzbergerstraße 20, 78054 Villingen-Schwenningen, Tel. 07720/82 10 66, tourist-info@villingen-schwenningen.de, www.villingen-schwenningen.de
Tourist Information Bad Dürrheim, Luisenstraße 7, 78073 Bad Dürrheim, Tel. 07726/66 62 66, info@badduerrheim.de, www.badduerrheim.de
Tourismus und Marketing Donaueschingen, Karlstraße 58, 78166 Donaueschingen, Tel. 0771/85 72 21, tourist.info@donaueschingen.de, www.donaueschingen.de

SEHENSWÜRDIGKEITEN

FRANZISKANERMUSEUM: Rietgasse 2, 78050 Villingen-Schwenningen, Tel. 07721/82 23 51, franziskanermuseum@villingen-schwenningen.de www.franziskanermuseum.de
HEIMAT- UND UHRENMUSEUM SCHWENNINGEN: Kronenstraße 16, 78050 Villingen-Schwenningen, Tel. 07720/82 23 71
UHRENINDUSTRIEMUSEUM: Bürkstraße 39, 78054 Villingen-Schwenningen, Tel. 07720/82 23 76, uim@villingen-schwenningen.de, www.uhrenindustriemuseum.de
SOLEMAR: Huberstraße 8, 78073 Bad Dürrheim, Tel. 07726/66 62 92, info@solemar.de, www.badduerrheim.de/solemar/willkommen
FÜRSTLICH FÜRSTENBERGISCHES SCHLOSS: An der Stadtkirche, 78166 Donaueschingen, Tel. 0771/2 29 67 75 60 (Buchung von Führungen)

◀ NaturCamping Bad Dürkheim ▶ Großer Reisemobilhafen

NATURCAMPING BAD DÜRRHEIM

ADRESSE: Am Steigle 1, 78073 Bad Dürrheim-Sunthausen, Tel. 07706/7 12, info@campingplatz-bad-duerrheim.de, www.campingplatz-bad-duerrheim.de

ANFAHRT: Bad Dürrheim über die Karlstraße in nordöstliche Richtung verlassen. Nach rechts auf die Schwarzwaldstraße abbiegen, in Hochemmingen rechts auf die Schweizer Straße. Dieser 3 km folgen, der Campingplatz folgt linkerhand.

GPS: N 48°0'16", E 08°34'58"

Idyllischer Naturcampingplatz am Sunthauser See mit Badesee, Brötchenservice, Restaurant mit Sonnenterrasse (auch Frühstück erhältlich). Auslaufgelände für Hunde mit Schwimmteich. Strom verfügbar. Eine geschotterte Fläche für Wohnmobile am Eingang und durch einen Zaun vom Seeufer getrennt, eine etwas schönere Wiesenfläche im höhergelegenen, ruhigeren Bereich des Platzes (nur bei mehreren Nächten bzw. nach Verfügbarkeit).

REISEMOBILHAFEN BAD DÜRRHEIM

ADRESSE: Huberstraße 34/2, 78073 Bad Dürrheim, Tel. 0771/1 27 39, info@womo-badduerrheim.de, www.womo-badduerrheim.de

ANFAHRT: In Bad Dürrheim fahren der Beschilderung zur Therme Solemar folgen, links in die Huberstraße einbiegen, gleich wieder rechts. An der Kreuzung geht es nach links zum Parkplatz der Therme und des Kurparks, hier nach rechts Ausschilderung des Reisemobilhafens folgen.

GPS: N 48°0'42", E 08°32'3"

Großer, gepflegter Stellplatz am Ortsrand von Bad Dürrheim mit fünf unterschiedlich angelegten Parkplätzen, größtenteils eben, viel Schatten und Grün. Gut geeignet für größere Reisemobile. Mit kleinem Shop für Campingartikel, Brötchen und Gasflaschenservice. Wasser, Strom, Ver- und Entsorgung. Ein Platzwart ist vor Ort, kostenloses W-LAN.

PERLE IM HOCH-SCHWARZWALD

Urlaubsparadies Titisee

Legenden ranken sich um den durchschnittlich 20 Meter tiefen Titisee.

8

Mit der zugehörigen Gemeinde Titisee-Neustadt und der landschaftlich reizvollen Umgebung ist der Titisee ein beliebtes Ausflugsziel. Der aus einem Gletscher entstandene Schwarzwaldsee entschleunigt, bietet aber mit den vielen Freizeitmöglichkeiten gleichzeitig alles für einen kurzen oder längeren Urlaub.

Sportbegeisterte Aktivurlauber finden in der größten Stadt des Hochschwarzwaldes und an deren See ein vielfältiges Programm und zahlreiche Sehenswürdigkeiten. Erholungssuchende werden aber ebenso fündig und genießen den beschaulichen Titisee und dessen reizvolle Landschaft. Er zählt zu den beliebtesten Ausflugszielen Deutschlands, was vor allem in den Sommermonaten deutlich wird.

DIE STADT AM SEE …

Der heilklimatische Kurort **Titisee-Neustadt** liegt im **Südlichen Naturpark Schwarzwald**. Wie der Name schon vermuten lässt, ist Titisee-Neustadt eine Doppelstadt (mit den weiteren Ortsteilen Waldau, Langenordnach, Schwärzenbach und Rudenberg). Der Ortsteil **Titisee** liegt am Nordufer des gleichnamigen Sees, fünf Kilometer östlich davon befindet sich der Ortsteil **Neustadt**. Östlich von Titisee-Neustadt leitet die Gutachtalbrücke, die als Straßenbrücke der B31 das Gutachtal überspannt, nicht nur den Verkehr um die Stadt herum, sondern sie ist auch eine Attraktion – auf fast 100 Metern Höhe und mit einer Länge von 750 Metern schwebt sie förmlich über dem Tal.

Das Stadtbild des eher kleinstädtischen Neustadt wird geprägt von dem im spätgotischen Stil erbauten **Münster St. Jakobus**. Der 68 Meter hohe und weiß verputzte Turm überragt alle anderen Gebäude der Stadt. Zwar ist das Neustädter Münster nur eine Pfarrkirche, wurde aber nach Bauende wegen der massiven Bauweise als Münster bezeichnet. Einige Gebäude in Neustadt stehen unter Denkmalschutz, so beispielsweise der Neustädter Hof aus dem Jahr 1899, die ehemalige Postmeisterei Adler Post aus dem Jahr 1575, das Rathaus aus dem Jahr 1817 und die Gesamtanlage Alter Friedhof (1810). Beim Spaziergang »Neustadttour« geht es auf den Spuren von Kunst, Architektur und Geschichte durch die Innenstadt Neustadts. Hinweistafeln und Wegweiser markieren die Route.

Das Münster St. Jakobus sticht aus der Kulisse von Neustadt heraus.

Tipp

In schönem Ambiente auch sehr lecker essen kann man im Gasthaus s'Klösterle Café & Küche. Von Frühstück und Brunch über hausgemachte Kuchen und Torten bis hin zu regionalen Spezialitäten und zünftigem Vesper gibt es alles, wonach einem der Sinn steht. Mit schöner Außengastronomie (www.kloesterle-restaurant.de).

Eine Abkühlung genießt man im 50 Meter langen Sportbecken mit Sprungturm des **Freibades Neustadt**. Das ist zudem ausgestattet mit Kinderbecken und Wasserspiellandschaft für Kinder, einer Wärmehalle mit Einschwimmkanal, Spiel- und Liegewiesen sowie einem Gastronomiebetrieb. Schließlich kann sich die ganze Familie mitten in Neustadt im **Felsele Erlebniswald** austoben. Es sind sieben Stationen zum Thema »Natur erleben« vorhanden – beispielsweise eine Wassertretstelle, Klettern am Naturfelsen, Themenwanderwege und eine 8 Meter hohe Baumplattform. Veranstaltungen wie Freilichtkino und literarische Spaziergänge komplettieren das Angebot, das jeder Altersklasse anspricht.

8

Ganz vorne auf der Liste der Attraktionen in Titisee rangiert das **Badeparadies Schwarzwald**. Die Bezeichnung Paradies ist durchaus angebracht, denn auf einer Fläche von 60 000 Quadratmetern präsentieren sich drei Bereiche: das Galaxy Schwarzwald mit Wasserattraktionen und zum Teil abenteuerlichen Rutschen, die Palmenoase mit malaysischen und floridianischen Palmen, die Karibikflair in den Schwarzwald bringen, und die Saunawelt Palais Vital mit zwölf Themensaunen. Man kann auch nur den Eintritt in Teilbereiche lösen. Bei einem Besuch sollte man sich bewusst sein, dass das Badeparadies weder kostengünstig noch ein Geheimtipp ist … Um Hunger und Durst zu stillen, stehen ein Diner, ein Café und zwei Restaurants zur Verfügung.

Kein Geheimtipp, aber Entspannung pur im Palais Vital des Badeparadieses

8

Ebenfalls in Titisee kann man in der **Märklin World Titisee** in eine Eisenbahnlandschaft en miniature eintauchen. Dabei handelt es sich um ein privat betriebenes Museum. Neben der Darstellung der Märklin-Firmengeschichte lässt die Modellbahn im zweiten Stock nicht nur die Herzen von Eisenbahnfans höherschlagen. Garniert mit Schweizer Bergpanorama drehen die Mini-Züge ihre Runden. Die Märklin World befindet sich auf dem Gelände des Kunstareals **M-A-C**. Dahinter verbirgt sich ein Angebot bestehend aus Kunst, Kultur und einem Adventure Minigolf samt Café.
Das Märklin-Museum liegt in der **Fußgängerzone** von Titisee, der Seestraße, wo man nach einem Bummel durch Läden und Souvenirshops und nach einem Besuch der Märklin World auch in einem Café oder Restaurant einkehren kann. Die Seestraße gilt als eine der schönsten Flaniermeilen im südlichen Schwarzwald.

Die Schweiz im Schwarzwald – in der Märklin World Titisee

Der Ortsteil Titisee schmiegt sich direkt ans Ufer des gleichnamigen Sees.

Tipp

Der Bahnhof von Titisee ist Anfangs- beziehungsweise Endstation der 3-Seenbahn, die die drei Seen Titisee, Windgfällweiher und Schluchsee (siehe Ziel 8) miteinander verbindet: Man kann also das Wohnmobil stehenlassen und die beiden Ziele Titisee und Schluchsee bequem und in einer landschaftlich einmaligen Zugfahrt miteinander verbinden – und das an ausgewählten Tagen sogar an Bord eines nostalgischen Dampfzuges. Infos zu Fahrplan, Sonderfahrten und Terminen findet man unter www.3seenbahn.de.

... UND DER SEE SELBST

Über den Ortsteil Titisee haben wir uns ihm bereits genähert, jetzt wird es Zeit, um den See zu gehen! Man muss erst einmal gar nichts Großes unternehmen – ein Blick vom Seeufer auf diesen bezaubernden Schwarzwaldsee ist bereits Erlebnis genug. Schon im Jahr 1050 wurde der Natursee urkundlich erwähnt – seitdem gilt der **Titisee** als »Gewässer von unmerkbarer Tiefe und unermesslicher Schönheit«. Zahlreiche Sagen und Legenden ranken sich um ihn und um die Tatsache, dass man seine tatsächliche Tiefe nicht kennt.

Strandbad in Traumkulisse mit direktem Seezugang

Das kristallklare Wasser des Titisees lädt nicht nur zu einem Badebesuch am **Strandbad** ein. Ausgestattet mit Liegewiese, beheizten Becken, direktem Seezugang, Toiletten und Umkleidemöglichkeiten und einer Gastronomie lässt sich hier entspannt ein Urlaubstag verbringen – an der Badestelle kann man ganz neu außerdem Stand-up-Paddleboards und Kajaks mieten. Aktivitäten aller Art wie Segeln, Windsurfen, Tretboot- und Ruderbootfahren sind auf dem Titisee ebenfalls möglich. Beim Anbieter **Seerundfahrten und Bootsvermietung Schweizer** kann man Tretboote, Ruderboote, Elektro-Motorboote, Badeboote und Fischerboote mieten. Es liegt nahe, die landschaftliche Schönheit von einem Ausflugsschiff aus zu betrachten.

◀ Wie eine römische Galeere wirkt das Ausflugsschiff Titus. ▶ Bootsverleih

Seerundfahrten werden ebenfalls vom Bootsbetrieb Schweizer angeboten. Eine besondere Erfahrung ist es, mit dem einer römischen Galeere nachempfundenen **Ausflugsschiff Titus** eine 25-minütige Rundfahrt über den See zu unternehmen. Dabei erzählt der Kapitän Anekdoten und man erfährt interessante Dinge über den See und die Umgebung.
Will man den von den Bergen umgebenen See nicht vom Wasser, sondern vom Landweg aus betrachten, kann man die Wanderschuhe schnüren und den See einmal komplett umrunden.

DIE RUNDWANDERUNG UM DEN TITISEE immer am oder nahe dem Ufer entlang hat eine Gesamtlänge von 5,9 Kilometern mit nur verschwindend wenigen Höhenmetern. In nur zwei Stunden kann man einmal außen herumlaufen – mit einer Einkehr im auf halber Strecke gelegenen Alemannenhof, wo man leckeren Kuchen genießt. Der Rundgang passiert nicht nur die belebte Seestraße, sondern auch das Gehöft Bankenhof mit einem Museum für Alte Landtechnik, das Strandbad und den Kurgarten. Wer an einem der Campingplätze Sandbank oder Bankenhof seine Zelte aufgeschlagen hat, kann vom Platz aus starten, denn der Weg führt an beiden vorbei beziehungsweise sogar hindurch. Ansonsten kann man das Wohnmobil auf dem Parkplatz des Bahnhofes Titisee abstellen.

8

HERRLICH AUCH DAS UMFELD

Einen ersten Überblick über die Umgebung des Titisees kann man sich mit dem nostalgischen **Zäpfle-Bähnle** verschaffen. Einstieg ist an der Haltestelle der Gaststätte Pferdestall in der Seestraße 11. Auf einer einstündigen Fahrt geht es durch herrliche Landschaft zur Fürsatzhöhe auf 1070 Metern Höhe. Man kann sowohl aussteigen und später wieder zusteigen, als auch zurückwandern – oder aber auch im Gasthaus Heiligenbrunnen einkehren. Die Bahnen starten von April bis Oktober täglich zwischen 10 und 16 Uhr alle 90 Minuten.

Apropos Überblick: Ein solcher bietet sich ganz besonders schön von der Aussichtsplattform des **Hochfirstturmes** aus – ein absolutes Muss, wenn man am Titisee ist. Man blickt von dort oben aus nicht nur über den Titisee, sondern auch auf das Feldbergmassiv und bis hin zu den Alpen. Der Hausberg **Hochfirst** zählt mit 1192 Metern zu den höchsten Gipfeln des Schwarzwaldes – und mit dem Erklimmen der Aussichtsplattform gewinnt man weitere 25 Meter Höhe. Den Schlüssel bekommt man in der Gaststätte nebenan ausgehändigt und kann dann selbstständig unter Einhaltung der vorgegebenen ausgehängten Regeln den Turm besteigen.

Tipp

Wem in diesen luftigen Höhen der Sinn nach einer aussichtsreichen Einkehr steht, der kann dies im Berggasthof Hochfirst tun. Urige Gaststätte mitten in der Natur mit tollem Ausblick, Außengastronomie und – natürlich! – Schwarzwälder Kirschtorte. (Auf dem Hochfirst 10, 79822 Titisee-Neustadt, Tel. 07651/75 75, www.berggasthaushochfirst.de.)

Ebenfalls hoch hinaus geht es auf den sechs Parcours des Kletterwaldes **Action Forest**. Ausgestattet mit Kletterrouten unterschiedlicher Schwierigkeitsgrade, zwei Übungsparcours und zwei Seilrutschenparcours schmiegt sich der Kletterwald in die Landschaft des Titisees ein.

Über die Schwarzwaldhochstraße (B500) und die B31 in westliche Richtung erreicht man nur 10 Kilometer vom Titisee entfernt das touristische Highlight Hofgut Sternen. Die Fahrt dorthin führt durchs **Höllental**, eine der beeindruckendsten Schluchten des Schwarzwaldes. Für Wohnmobilfahrer ist es mitunter eine Herausforderung, denn das Tal ist teilweise sehr eng

▲ Ausflugszug Zäpfle-Bähnle ▼ Spektakuläre Streckenführung im Höllental

geschnitten und von hohen Felswänden umgeben, mit der engsten Stelle am sogenannten Hirschsprung. Nicht unerwähnt bleiben sollten Attraktionen wie die Kreuzfelsenkurve, eine spektakuläre 180-Grad-Kurve. Alles jedoch gut mit jedem Wohnmobil machbar, hier fahren auch Lkw. Wer Richtung Freiburg unterwegs ist (siehe Ziel 11), fährt vom Titisee oder dem Schluchsee kommend ohnehin durchs Höllental.

◀ Lebendige Kuckucksuhr beim Hofgut Sternen … ▶ … mit Ravennabrücke

Beim **Hofgut Sternen** erwartet die Besucher ein Komplex mit einem Buffet-Restaurant, einem Hotel mit Restaurant, einem edlen Shoppingcenter und einer Glasmanufaktur. Beeindruckend ist die überdimensional große Kuckucksuhr an der Fassade des Shops – zu jeder vollen Stunde vermeldet der Kuckuck die Uhrzeit, im Anschluss drehen aus Holz geschnitzte Tanzpaare ihre Runden über den Balkon oberhalb des Ziffernblattes. Im Hintergrund komplettiert die malerische **Ravennabrücke** die Schwarzwald-Kulisse. Das ist ein 40 Meter hohes und 225 Meter langes Viadukt, das die Höllentalbahn auf ihrem Weg zwischen Freiburg und Neustadt überquert.

DER WEG DURCH DIE RAVENNASCHLUCHT ist eine zauberhafte Wanderung, die am Hofgut Sternen startet, unter dem Viadukt hindurchführt und zunächst an Froschtümpeln und Felsklötzen vorbei und über Brückchen geht. Highlight dieser Wanderung sind die Kaskaden und Wasserfälle des wilden Flüsschens Ravenna. Nach einem steilen Anstieg ist die Großjockenmühle erreicht – im Sommer ist die Mühle aus dem Jahr 1883 sonntags sogar in Betrieb. Nach der Mühle wird der Weg zunehmend abenteuerlich – nun müssen ein schmaler Wurzelpfad begangen und Stege, Brücken und Treppen überwunden werden. Dabei werden immer wieder die Flussseiten gewechselt. Man verlässt die untere Schlucht, wenn das Tal sich öffnet. Hier gibt es ein Gasthaus, in dem man sich stärken kann. Nach einem kurzen Abstecher zur Aussichtskanzel Piketfelsen gelangen wir entweder über Hinterzarten oder Breitnau (und den oberen Teil der Schlucht) zurück zum Hofgut Sternen.

AUF EINEN BLICK

Info

STADT/REGION: Titisee/Breisgau-Hochschwarzwald
BESTE REISEZEIT: Ganzjährig, Vor- und Nachsaison empfohlen
OPTIMALE REISEDAUER: 2–3 Tage
TOURIST-INFO: Tourist-Info Titisee, Strandbadstraße 4, 79822 Titisee-Neustadt, Tel. 07652/120 60, titisee@hochschwarzwald.de, www.hochschwarzwald.de/Titisee

SEHENSWÜRDIGKEITEN

FREIBAD NEUSTADT: Gutachstraße 33, 79822 Titisee-Neustadt, Tel. 07651/933 11 21
FELSELE ERLEBNISWALD: Pfauenstraße 2-4, 79822 Titisee-Neustadt, Tel. 07651/20 62 71, info@titisee.de, www.felsele-erlebniswald.de
BADEPARADIES SCHWARZWALD: Am Badeparadies 1, 79822 Titisee-Neustadt, Tel. 08000/444 43 33, info@badeparadies-schwarzwald.de, www.badeparadies-schwarzwald.de
MÄRKLIN WORLD TITISEE: Seestraße 21/1, 79822 Titisee-Neustadt, Tel. 07651/204 05 97, info@maerklin-world.titisee.de, www.maerklin-world-titisee.de
BADESTRAND TITISEE: Strandbadstraße 1, 79822 Titisee-Neustadt
SEERUNDFAHRTEN UND BOOTSVERMIETUNG SCHWEIZER: Seerundweg 1, 79822 Titisee-Neustadt, Tel. 07651/82 14, info@bootsbetrieb-schweizer-titisee.de, www.bootsbetrieb-schweizer-titisee.de
BOOTSVERMIETUNG & RUNDFAHRTEN DRUBBA (AUSFLUGSSCHIFF TITUS): Seestraße 37, 79822 Titisee-Neustadt, Tel. 07651/981 29 48, boote@drubba.com, www.boote-titisee.de
ZÄPFLE-BÄHNLE: Tel. 0175/723 89 71, www.zaepfle-baehnle.de
ACTION FOREST: Neustädter Straße 41, 79822 Titisee-Neustadt, Tel. 07651/933 11 70, kletterwald@action-forest.de, www.action-forest.com

AUF EINEN BLICK

Terrassenförmig liegt der Camping Sandbank am Seeufer.

TERRASSENCAMPING SANDBANK

ADRESSE: Seerundweg 9, 79822 Titisee-Neustadt,
Tel. 07651/972 48 48, info@camping-sandbank.de,
www.camping-sandbank.de

ANFAHRT: Von der B500 kommend nach Titisee hineinfahren, vor dem See rechts halten und über die Straße Bruderhalde den See an dessen südwestlichem Ende umrunden. Am Ufer bleibend fährt man direkt auf den Platz zu.

GPS: N 47°53'13", E 8°08'14"

Direkt am Ufer des Titisees und mit tollem Blick auf diesen liegt der große Campingplatz mit eigenem Badestrand, Liegeweise und Spielplatz. Mit viel Grün und von einem angrenzenden Wald gesäumt. Die Plätze sind terrassenförmig angelegt, besonders toll sind die Seeplätze. Gaststätte, Brötchenservice, neues, sehr schönes Sanitärgebäude (beheizt). Alle Anschlussmöglichkeiten vorhanden. Über den Seerundweg ist der Ort sehr gut zu Fuß oder mit dem Fahrrad erreichbar. Im Sommer ist sehr viel los, mit dem Wohnmobil vor der Zufahrt anzustehen ist dann keine Seltenheit.

CAMPING BANKENHOF

ADRESSE: Bruderhalde 31A, 79856 Hinterzarten, Tel. 07652/13 51, info@camping-bankenhof.de, www.camping-bankenhof.de

ANFAHRT: Von der B500 kommend nach Titisee hineinfahren, vor dem See rechts halten und über die Straße Bruderhalde immer geradeaus bis zum südwestlichen See-Ende fahren; dort stößt man automatisch auf den Campingplatz.

GPS: N 47°53'10", E 8°07'50"

Gut ausgestatteter, überschaubar großer und nicht ganz so trubeliger Platz wie der benachbarte Sandbank-Camping. Mit Laden (morgens Brötchen) und Restaurant (gutes Essen). Kostenpflichtiges WLAN. Sehr ruhige und idyllische Plätze unterhalb der Zeltwiese am Waldrand, hier ist man sofort in der Natur (am Seerundweg gelegen). Sehr nettes Personal. Vor der Schranke des Campingplatzes befindet sich der separate Stellplatz mit acht Plätzen. Die Einrichtungen des Campingplatzes können mitbenutzt werden, deshalb sind Frischwasser, Ver- und Entsorgung vorhanden. Stromanschlüsse haben die externen Plätze allerdings nicht.

Inmitten der Schwarzwaldkulisse liegt der Camping Bankenhof.

SEE MIT VIELEN SUPERLATIVEN

Kurort Schluchsee am gleichnamigen Stausee

Lust auf Natur, Action oder Wasseraktivitäten? Am Schluchsee gibt's alles!

Der Schluchsee ist der größte See, das größte Bade- und Wassersportzentrum im Schwarzwald und zugleich einer der saubersten Badeseen Deutschlands. Nicht nur seine Wasserfläche bietet ein umfangreiches Wassersportangebot, sondern auch die attraktive Umgebung lädt zu den unterschiedlichsten Aktivitäten ein.

Der einstige Gletschersee ist ein Stausee, der neben einem natürlichen Zufluss über verschiedene Kraftwerksstufen mit Wasser aus dem Rhein befüllt wird. Neben der Hauptgemeinde Schluchsee liegen am Schwarzwaldsee die Ortsteile Aha im nordwestlichen Seebereich und Seebrugg an der Staumauer.

ERFRISCHENDES BAD IM SOMMER

Wegen seiner Höhenlage zwischen 930 und 1300 Metern ist das Wasser des Schluchsees auch im Sommer erfrischend kühl. Das Ufer ist fast rundherum gut zugänglich und der See ist von Wanderwegen umgeben – kein Wunder also, dass der **Schluchsee** ein beliebtes Freizeitziel ist.

AUF EINER 17,7 KILOMETER LANGEN TOUR kann der See einmal komplett zu Fuß oder mit dem Fahrrad umrundet werden. Startpunkt ist der Bahnhof Schluchsee in der Bahnhofstraße 1. Der Weg bleibt immer direkt am See und führt vorbei an der aussichtsreichen Amalienruhe, zahlreichen kleinen Strandabschnitten und durch naturbelassene Abschnitte. Die Vesperstube Unterkrummenhof versorgt alle hungrigen Wanderer und Radfahrer am Weg.

Fast 18 Kilometer Seerundweg sind eine ziemlich lange Strecke, die aber in den Sommermonaten mit einer Schifffahrt kombiniert werden kann. Das **Ausflugsschiff MS Schluchsee** des Anbieters Seerundfahrten Toth hält an vier Anlegestellen, sodass man beliebig aus- und wieder zusteigen kann. Alle Fahrten starten am Ausgangspunkt Schluchsee-Strandbad, ein Zustieg ist jedoch bei jedem Anlieger möglich. Übrigens – hinsichtlich der Superlative – ist der Schluchsee der höchstgelegene See in Deutschland, auf dem Schifffahrten angeboten werden.

Derselbe Anbieter stattet Freunde der Individual-Bootsfahrt auch mit **Ruder-, Tret- und Elektrobooten sowie Stand-up-Paddleboards** aus. Ganz neu im Angebot sind auch große Badeboote für bis zu sechs Personen; damit kann man sich eine eigene Badeinsel auf dem See schaffen. Die Vermietung der Boote befindet sich direkt neben der Schiffsanlegestelle der MS Schluchsee beim Strand-Freibad.

Und damit sind wir auch schon bei einer weiteren Attraktion des Schluchsees, dem **Erlebnis-Freibad aqua fun**. Hier gibt es so viel Badespaß, wie der Name es vermuten lässt: ein großes Strandbad nicht nur mit Blick auf den See, sondern sogar mit direktem Seezugang, Riesenrutsche, Kleinkinderbecken, Liegewiese und Abenteuerspielplatz. Wer es etwas ruhiger beim Baden mag, dem sei das **Naturstrandbad** in Seebrugg ans Herz gelegt. Es ist mit Kiosk und Vesperstube ausgestattet und liegt natürlich direkt am Seeufer – perfektes Urlaubsfeeling!

◀ Eine Bootsfahrt, die ist lustig … ▲ Der Schluchsee ist ein Kleinod für Naturliebhaber und Aktivurlauber. ▼ Staumauer im Ortsteil Seebrugg

Blick auf den Ort Schluchsee, dahinter See und Bahnlinie der 3-Seenbahn

Das Element Wasser ganz ausgiebig erleben kann man auch im Rahmen eines Tauchkurses – sei es als Schnupperkurs oder als Kurs für Wiedereinsteiger, Fortgeschrittene, Kinder oder Erwachsene – die **Tauchschule AQUAplus** bietet an ihrer Tauchbasis Schluchsee im Ortsteil Seebrugg für alle etwas und stellt auch die zugehörige Tauchausrüstung und Zubehör. Jede Menge abenteuerliche Spezialkurse komplettieren das Angebot.
Nun gilt es natürlich noch, einen Blick auf die **Staumauer** des Schluchsees zu werfen. Wieder ein Superlativ, denn die Staumauer ist das größte Massebauwerk im Schwarzwald. Durch die Aufstauung des ehemaligen Gletschersees wurde dessen Fläche um das 3,5-fache vergrößert – auf 5,14 Quadratkilometer, die er heute hat. Die Höhe der Staumauer beträgt 35 Meter über der Talsohle und 63,5 Meter über der Grundsohle. Die Krone ist 250 Meter lang. Man kann sie überqueren und es finden auch Kraftwerksbesichtigungen statt. Parkplätze sind an der Staumauer vorhanden.

LUST AUF EIN ESSEN MIT SENSATIONELLEM BLICK und Romantik pur? Dann ist das Restaurant Seehotel Hubertus um die Ecke der Staumauer eine absolute Empfehlung. Auf der Terrasse thront man quasi über dem See, das schmucke Haus unter Denkmalschutz bietet das perfekte Ambiente für die feine deutsche Küche mit internationalen Einflüssen (Seebrugg 16, 79859 Schluchsee, Tel. 07656/524, www.seehotel-hubertus-schluchsee.de).

9

Nur wenige Schritte vom Restaurant Seehotel Hubertus entfernt, befindet sich der höchst fotogene **Museumsbahnhof Seebrugg**. Die ganze, gut erhaltene Anlage wirkt wie ein Modelleisenbahnhof, die alten Loks und historischen Fahrzeuge tragen ihren Teil zu diesem Eindruck bei. Sonn- und feiertags verkehrt ein historischer Dampfzug, bekannt als **3-Seenbahn**, zwischen Seebrugg und dem Titisee. Veranstaltungen wie das historische Bahnhofsfest und weitere Sonderfahrten wie der Seenachtszug runden das Angebot des nostalgischen Bahnhofs ab.
Die Mini-Eisenbahnwelt **Modellbahnzentrum Schluchsee** bildet das Pendant zum großen Museumsbahnhof und ist auch für Regentage geeignet. Die liebevoll und detailgetreu gestaltete Anlage mit zum Teil amüsanten Szenen ist jedoch derzeit wegen der Suche nach einem neuen Pächter geschlossen, eine Neueröffnung war zu Redaktionsschluss nicht absehbar.
Mit dem Aussichtspunkt **Bildstein** wird ein wunderbarer Panoramablick auf den Schluchsee empfohlen. Viele Wege führen dort hinauf, von Schluchsee aus wandert man durch die Wälder des Stutz. Der Bildstein selbst ist ein 70 Meter hoher Felsenhang auf 1138 Metern Höhe. Nach Osten fällt er senkrecht ab. Um zum Aussichtspunkt zu gelangen, erklimmt man in den Felsen gebaute Betonstufen. Jetzt nur noch eine gemütliche Bank suchen und den Blick genießen – es ist ein bisschen wie Fliegen!
Ebenfalls einen schönen Fernblick über die sanfte Berglandschaft erhält man vom Aussichtsturm **Riesenbühlturm** aus, der sich auf dem Plateau des gleichnamigen Berges und nördlich der Gemeinde Schluchsee befindet. Der Turm steht auf einer Höhe von 1096 Metern, ist 30 Meter hoch und ist, aus Holz und Stahl errichtet, schon ein besonderer Hingucker. Auf die Aussichtsplattform gelangt man über eine offene Treppenkonstruktion.

ERLEBNISREICHE UMGEBUNG

Nicht nur Insider kennen das Tannenzäpfle, die bekannteste Biersorte der Badischen **Staatsbrauerei Rothaus**. Das Pils wird mit elf weiteren Schwarzwald-Biersorten in Rothaus, einem Ortsteil von Grafenhausen, gebraut. Vom Ortszentrum Schluchsee aus ist die Brauerei 7 Kilometer entfernt. Neben der idyllischen, abgeschiedenen Lage und dem eindrucksvollen Gebäude lohnt sich ein Ausflug vor allem wegen der 90-minütigen Brauereiführungen. Dabei erfährt man nicht nur einiges über die Brau-

Traumhafte Impressionen von der Aussichtsplattform des Riesenbühlturms

kunst, sondern ist hautnah beim Brau- und Abfüllprozess dabei – mittels einer Multimedia-Show, einem Besuch des Sudhauses, des Lagerkellers und der Abfüllanlage. Auch das Schwarzwald-Mädel, das die Etiketten ziert und den Namen Biergit Kraft trägt, wird thematisiert. Abschließend gibt es eine Kostprobe aus der Zäpflefamilie (natürlich auch alkoholfrei) und eine Brezel. In einem sehr schönen Shop kann man sowohl die Biersorten, als auch Gläser, T-Shirts und sonstige Souvenirs erwerben.

SEHR EMPFEHLENSWERT ist der direkt bei der Brauerei befindliche Brauereigasthof mit dem herrlichen Biergarten. Hier kann man sich nicht nur durch die Biersorten der Brauerei trinken, sondern auch feines badisches Essen genießen. Auch unabhängig von einer Besichtigung der Brauerei ist der Gasthof ein lohnenswertes Ziel (Brauereigasthof Rothaus, Rothaus 2, 79865 Gräfenhausen, Tel. 07748/522 96 00).

◀ Ein Muss ist die Wanderung … ▶ … durch die wilde Wutachschlucht

Wer am Schluchsee Station macht, muss zwingend der **Wutachschlucht** einen Besuch abstatten. 17,5 Kilometer vom Ort Schluchsee entfernt befindet sich die wilde, abenteuerliche und malerische Schlucht, die von der Wutach und deren Nebenflüssen gebildet wurde. Die gesamte Wutachschlucht ist ein Engtal, das in drei schluchtartige Abschnitte unterteilt ist, die 60 bis 170 Meter tief sind und sich auf 33 Flusskilometer erstrecken. Es ist nicht verwunderlich, dass die Wutachschlucht oft »Grand Canyon des Schwarzwaldes« genannt wird.

ES GIBT DIVERSE MÖGLICHKEITEN UND KOMBINATIONEN, die Wutachschlucht beziehungsweise einen Teil davon zu erwandern. Eine Option für Wanderer jedweder Kondition ist der 11,2 Kilometer lange Weg durch die Schlucht, der bei der Drei-Schluchten-Halle (mit Parkplatz) bei Bachheim startet. Nach der Drei-Schluchten-Halle steigt man recht bald in die Wutachschlucht ein und folgt fast parallel zur Wutach dem romantischen Wanderweg. Eng rückt das Tal zusammen, Felswände flankieren den Weg und manchmal bleibt nur ein schmaler Pfad zwischen Fluss und Felsflanke. An der Schurhammerhütte kann man ein Vesper zu sich nehmen, dann geht es vorbei am Tannegger Wasserfall nach Bad Boll und zum Info-Pavillon und der Kapelle. Eine Einkehrmöglichkeit besteht beim Gasthaus Schattenmühle. Wir folgen dem Weg weiter bis zur Bushaltestelle Schattenmühle, von wo aus wir den Bus zurück zur Drei-Schluchten-Halle nehmen können.

9

Nicht nur für Freunde nostalgischer Eisenbahnen ist eine Fahrt mit der **Sauschwänzlebahn** ein unvergessliches Erlebnis. Mit Volldampf geht es 25 Kilometer lang durch Schluchten, über abenteuerliche Brücken und durch zahlreiche Tunnel. Blicke in die umgebenden Täler und bei gutem Wetter bis in die Alpen sind inklusive. Die Fahrt im nostalgischen Dampfzug startet am Bahnhof in Blumberg-Zollhaus, 34 Kilometer östlich vom Schluchsee, und endet in Weizen. Von dort geht es dieselbe Strecke wieder zurück. Für das leibliche Wohl während der Fahrt sorgen ein Catering im Zug und ein Kiosk am Bahnhof Blumberg-Zollhaus.
Mitten im Naturpark Südschwarzwald liegt **Bernau** westlich des Schluchsees. Hier gibt es den Schwarzwald in all seiner Ursprünglichkeit: duftende Bergwiesen, liebliches Bergpanorama und typische Walmdachhäuser, aber auch Schwarzwaldkultur (Trachtenumzüge) und kulinarische Highlights bei den Bernauer Naturparkwirten. Bernau hat zehn kleine Ortsteile, die sich in das offene Schwarzwaldtal hineinschmiegen – umgeben von Berggipfeln, die bis fast 1500 Meter Höhe erreichen. Jedes Wandererherz wird hier freudig hüpfen, sei es auf dem Weg in luftige Höhen (beispielsweise über den 15,6 Kilometer langen Bernauer Hochtal Steig, ein prämierter Schwarzwälder Genießerpfad) oder etwas entspannter auf dem Zauberwald-Pfad, der durch ein verwunschenes Hochmoor führt.
Kunstliebhabern wird ein Besuch des **Hans-Thoma-Kunstmuseums** empfohlen. Hier werden Arbeiten des Landschafts- und Porträtmalers Hans Thoma (1893–1924) gezeigt, der in Bernau seine Kindheit verbrachte. Aber

◀ Volldampf mit der Sauschwänzlebahn ▶ Holzschneflermuseum Resenhof

9

auch Werke von Otto Dix, Anselm Kiefer und Thomas Ruff sind zu sehen. Von Schwarzwälder Tradition handelt das **Holzschneflermuseum Resenhof**. In dem über 220 Jahre alten pittoresken Schwarzwaldhof geht es um das frühere Leben und Arbeiten der Bauern. Eindrucksvoll kann man dabei den Handwerkern in ihren Werkstätten über die Schultern schauen und durch die Wohnräume und den Stall gehen. Immer am dritten August-Wochenende findet auf dem Resenhof der **Holzschneflertag** statt. Das ist ein Brauchtumsfest, bei dem an zwei Tagen die Vielfalt des Bernauer Kunsthandwerks gezeigt wird. Es gibt eine Verkaufsausstellung sowie einen Naturpark-Markt mit Markt- und Infoständen, außerdem ein Kinder-Mitmachprogramm und kulinarische Köstlichkeiten im Festzelt.

SCHWARZWALDPERLE ST. BLASIEN

Ganz tief hinein in den Süden des Schwarzwaldes geht es bei einem Ausflug nach **St. Blasien**. Über die B500 führt uns die Strecke ins Albtal, der traumhaft schöne Ort ist nach knapp 15 Kilometern erreicht. Highlight Nummer 1

Charakteristisch für den Dom von St. Blasien ist die riesige Kuppel.

Im tiefen Südschwarzwald am Fluss Alb liegt der Bilderbuchort St. Blasien.

ist der **Dom St. Blasius**, ein markanter Kuppelbau im frühklassizistischen Stil. Mit einer Gesamthöhe von 62 Metern ist die Abtei weithin sichtbar. Sie wurde 1783 eingeweiht und ist die drittgrößte Kuppelkirche Europas – die beeindruckende Kuppel weist eine Spannweite von 36 Metern auf.

Durch das Innere des Doms finden regelmäßig Führungen statt. Von Anfang Mai bis Ende Oktober starten die Führungen mittwochs um 10.45 Uhr und freitags um 14.45 Uhr bei der Tourist-Info. Im Sommer finden in dem sakralen Bauwerk die Internationalen Domkonzerte mit Interpreten aus aller Welt statt – ein Kulturevent auf höchstem Niveau.

Das zweite Gotteshaus am Ort ist kaum weniger sehenswert: Das **Kloster zu St. Blasien** ist eine ehemalige barocke Benediktinerabtei aus dem 9. Jahrhundert und beherbergt seit 1933 ein Internat. Das Kloster kann ebenfalls zu festen Zeiten besichtigt werden und im Festsaal finden regelmäßig Klosterkonzerte statt.

Beim Kurgarten, bei dem sich auch der Dom befindet, treffen wir auf die **Barocke Sonnenuhr** aus dem Jahr 1780. Sie zeigt nicht nur die Uhrzeit, sondern auch den Monat an. Die Sonnenuhr ist mit allerhand Details versehen, zum Beispiel ist der Zeitgott Chronos auf ihr dargestellt. Mittels einer Lochscheibe kann die Mittagszeit (12 Uhr) in St. Blasien angezeigt werden – früher wurde mit dieser Einrichtung die Uhr im Glockenturm des Doms reguliert.

Natur in allen Facetten findet man bei einer Wanderung um Menzenschwand.

Neben einem schönen Stadtkern mit besonderen Einkehrmöglichkeiten (beispielsweise ein Eiscafé in Sichtweite des Doms) bietet der **Albsee** außerhalb des quirligen Ortes eine entspannende Auszeit. Das kleine Flüsschen Alb, das auf dem Feldberg (siehe Ziel 9) entspringt, mündet in diesen See südöstlich von St. Blasien im Albtal. Auf einem Wanderweg rund um den Albsee kann man die natürliche Schönheit des Tals besonders gut genießen. Wie wär es abschließend mit einem Panoramablick auf St. Blasien? Vom 18 Meter hohen **Lehenkopfturm**, der seinerseits schon auf 1039 Metern auf dem Berg Lehenkopf thront, ist dies möglich.

Malerisch im Tal ist **Menzenschwand**, ein Ortsteil von St. Blasien und oft als Bilderbuch-Ort bezeichnet, unbedingt einen Besuch wert. Es ist ein Wanderparadies in ursprünglicher Natur – hierfür fährt man bis zum Ende des Tals und sucht sich auf dem großen Wanderparkplatz eine hübsche Tour aus (es gibt viele Wandertafeln dort, beispielsweise startet hier der Premiumweg Menzenschwander Geißenpfad). Man kann die asphaltierte Straße mit dem Wohnmobil auch bis ganz an deren Ende und zu einem kleineren Parkplatz an einem Gasthof durchfahren; von hier geht man nur wenige Schritte bis zu den Menzenschwander Wasserfällen. In Kaskaden stürzen sie hinab, nachts sind sie sogar beleuchtet.

Auch ein Bummel durch den Ort, der so bezaubernd ist, als wäre er als Freilichtmuseum angelegt, ist empfehlenswert. Ein Haus ist schöner als das andere, man fühlt hier das Herz des Schwarzwaldes schlagen. An den Hängen des Tals grasen Pferde, Schafe und Lamas – es ist unglaublich schön hier. Spielt das Wetter nicht mit, könnte das **Radon Revital Bad** Abhilfe schaffen.

AUF EINEN BLICK

Info

STADT/REGION:
Schluchsee/Breisgau-Hochschwarzwald
BESTE REISEZEIT: Mai–September
OPTIMALE REISEDAUER: 3 Tage
TOURIST-INFO: Tourist-Info Schluchsee, Fischbacher Straße 7, 79859 Schluchsee, Tel. 07652/120 60, schluchsee@hochschwarzwald.de, www.hochschwarzwald.de/Schluchsee
Tourist-Info St. Blasien, Am Kurgarten 1-3, 79837 St. Blasien, Tel. 07652/120 60, st.blasien@hochschwarzwald.de, www.hochschwarzwald.de/St.-Blasien
Tourist-Info Bernau im Schwarzwald, Rathausstraße 18, 79872 Bernau im Schwarzwald, Tel. 07675/16 00 30, Tourist-Info@bernau-schwarzwald.de, www.bernau-schwarzwald.de

SEHENSWÜRDIGKEITEN

BOOTSVERLEIH & SEERUNDFAHRTEN THOMAS TOTH: Schluchsee-Strandbad, Freiburger Straße 14, 79859 Schluchsee, Tel. 0171/772 72 37, toth@seerundfahrten.de, www.seerundfahrten.de
AQUA FUN: Freiburger Straße 16, 79859 Schluchsee, Tel. 07656/77 31
TAUCHSCHULE AQUAPLUS-WEHR: Meierhofstraße 5B, 79664 Wehr, info@aquaplus-wehr.de, www.aquaplus-wehr.de
SCHLUCHSEEWERK AG (BESICHTIGUNG STAUMAUER): Tel. 07763/927 88 09 12, besichtigungen@schluzchseewerk.de
MUSEUMSBAHNHOF SEEBRUGG: Seebrugg, 79859 Schluchsee, Tel. 07651/93 28 49
MODELLBAHNZENTRUM SCHLUCHSEE: Eisenbreche 4, 79859 Schluchsee-Blasiwald, www.modellbahnzentrum.com
BADISCHE STAATSBRAUEREI ROTHAUS: Rothaus 2, 79865 Gräfenhausen, Tel. 07748/522 96 00, info@brauereigasthof-rothaus.de, www.rothaus.de

AUF EINEN BLICK

SAUSCHWÄNZLEBAHN: Tel. 07702/513 00, www.sauschwaenzlebahn.de
RADON REVITAL BAD: In der Friedrichsruhe 13, 79837 St. Blasien, Tel. 07675/92 91 12, info@radonrevitalbad.de, www.radonrevitalbad.de
HANS-THOMA-KUNSTMUSEUM: Rathausstraße 18, 79872 Bernau im Schwarzwald, Tel. 07675/16 00 40, info@hans-thoma-museum.de, www.hans-thoma-museum.de
SCHWARZWÄLDER HOLZSCHNEFLERMUSEUM RESENHOF: Resenhofweg 2, 79872 Bernau im Schwarzwald, Tel. 07675/16 00 40, resenhof@dorfart.de, www.bernau-im-schwarzwald.de
DOM ST. BLASIUS: Am Kurgarten 13, 79837 St. Blasien, Tel. 07672/678, www.dom-st-blasien.de
KLOSTER ST. BLASIEN: Fürstabt Gerbertstraße 14, 79837 St. Blasien, Tel. 07672/270

CAMPING SCHLUCHSEE

ADRESSE: Gewann Zeltplatz 1, 79859 Schluchsee, Tel. 07656/573, info@camping-schluchsee.de, www.camping-schluchsee.de
ANFAHRT: Entlang der B500 am östlichen Ufer des Schluchsees entlang bis Abzweig Sägackerweg fahren. Auf diesen nach rechts abbiegen, der Campingplatz folgt gleich rechterhand.
GPS: N 47°49'17", E 8°09'45"
Der terrassiert angelegte Platz befindet sich direkt am Schluchsee (keine Stellplätze am Wasser, aber Fußweg zum See) und bietet Stellplätze mit Stromanschluss und auch

Eng, aber in direkter Seelage steht man auf dem Camping Schluchsee.

Mitten in der Natur: der Wohnmobil-Stellplatz Innerlehen

mit Strom und Wasser, außerdem Premium-Plätze mit direktem Wasser- und Abwasseranschluss. Ansonsten Ver- und Entsorgung zentral vorhanden. Die Ausstattung ist sehr gut mit Küche, Aufenthaltsraum, morgendlichem Brötchenservice im Shop und Restaurant am Platz. Von vielen Stellplätzen aus Seeblick. Sehr kinder- und familienfreundlich (Auszeichnung). Großer Platz, in den oberen Reihen wenig Schatten.

WOHNMOBIL-STELLPLATZ INNERLEHEN

ADRESSE: Sportplatzstraße 1 79872 Bernau im Schwarzwald, Tel. 07675/16 00 30, tourist-information@bernau-schwarzwald.de
ANFAHRT: Vom Schluchsee über St. Blasien oder Menzenschwand nach Bernau fahren, der Stellplatz folgt kurz vor dem Ortstrand von Bernau-Dorf linker Hand.
GPS: N 47°48‘22“, E 8°01‘42“
Das ist ein ganz besonderer Stellplatz, inmitten der Natur, ruhig gelegen, mit 20 großzügig angelegten Wiesen-Stellplätzen (hübsch durch Baumstämme voneinander abgetrennt). Beim Sport-Freizeit-Zentrum von Bernau zwischen den Ortsteilen Innerlehen und Dorf und direkt an einem Lifthang. Blick auf die sanfte grüne Hügellandschaft von allen Plätzen aus. Einziger Nachteil: Es gibt keinen Schatten. Gebührenpflichtiger Strom und Wasser vorhanden, außerdem Entsorgung.

AUF DEM SCHWARZ-WALD-GIPFEL

Majestätischer Feldberg

Das Bismarck-Denkmal kennzeichnet den höchsten Punkt des Gipfels Seebuck.

10

Der Feldberg ist mit 1493 Metern Höhe nicht nur der höchste Berg im Schwarzwald, sondern auch ganz Baden-Württembergs – von den Alpen abgesehen ist er sogar der höchste Berg Deutschlands. Neben dem Berg und der Gemeinde Feldberg verdienen auch die benachbarten Ferienorte Todtnau und Todtnauberg Beachtung.

Der Feldberg thront über dem Landkreis Breisgau-Hochschwarzwald und ist umgeben von den Orten Hinterzarten, Titisee (siehe Ziel 7), Menzenschwand und Bernau (siehe Ziel 8) und dem südwestlichen Todtnau. Auch der Mini-Ort Feldberg liegt auf 1277 Metern schon recht hoch – er befindet sich etwa 2 Kilometer südöstlich vom Feldberggipfel. Ebenfalls südöstlich des Hauptgipfels ragt der zweithöchste Gipfel des Schwarzwaldes und Vorberg des Feldbergs empor, der Seebuck (1449 Meter).

DACH DES SCHWARZWALDES

Der Fuß des Feldberges ist mit dem Wohnmobil über den Feldbergpass (B317) erreichbar. Danach geht es entweder zu Fuß, mit dem Fahrrad oder mit der Feldbergbahn auf den Seebuck und zu Fuß oder mit dem Fahrrad auf den Gipfel des Feldberges.

Wohnmobile bis zu einer Höhe von 2,40 Meter kann man in einem großen Parkhaus nahe der Talstation der Bahn abstellen, höhere Fahrzeuge auf dem nebenan liegenden Open-Air-Parkplatz (Zufahrt durch gesonderte Schranke). Das Übernachten auf dem Parkplatz ist verboten.

Nähern wir uns den Höhen erst einmal über den zweithöchsten Gipfel, den **Seebuck**. Auf dessen baumfreiem Gipfel befindet sich weithin sichtbar der **Feldbergturm**, ein ehemaliger Funkturm, der heute als Aussichtsturm fungiert und das **Schwarwälder Schinkenmuseum** beherbergt. Darin begeben sich Besucher auf eine Zeitreise, denn eine Zeitzeugin erklärt in einer Filmpräsentation das Vorgehen beim Räuchern von Schinken und berichtet von Traditionen aus ihrer Kindheit. Interaktive Stationen laden zum Schauen, Hören, Schnuppern und Fühlen ein.

Im elften Stock des Feldbergturms befindet sich eine Aussichtsplattform, von der aus man bei gutem Wetter einen fantastischen Panoramablick genießen kann. Vom Haus der Natur in Feldberg-Ort aus gelangt man in einem etwa 40-minütigen Fußmarsch zum Feldbergturm.

Eine Alternative ist die **Feldbergbahn**, deren Bergstation der Seebuck ist. Das ist eine 900 Meter lange Kleinkabinenseilbahn, die einen Höhenunterschied von 175 Metern überwindet. Im Sommer wird die Bahn mit Kabinen betrieben, im Winter mit Sesseln - dann verwandelt sich der Hang in eine Skipiste.
Am Seebuck-Gipfel befindet sich auch das **Bismarck-Denkmal**, wie der Feldbergturm auch ein Wahrzeichen des Feldbergs. Es ist aus Bruchsteinen errichtet und mit einem Bildnismedaillon versehen. Auch von hier aus ergibt sich ein toller Ausblick unter anderem auf den eigentlichen Feldberggipfel, das Denkmal kennzeichnet die höchste Stelle des Seebuck.

DER SEEBUCK IST AUSGANGSPUNKT für zahlreiche Wanderungen. Trittsicheren Wanderern sei der schon fast alpine Felsenweg empfohlen, der vom Gipfelbereich aus an dessen Steilhang hinunter zum Feldsee führt. Startpunkt ist das Bismarck-Denkmal, von dem aus man zunächst dem Wegweiser Richtung »Grüble« folgt, dann dem Emil-Thoma-Weg über die Hochweiden des Feldbergs. Nach einem Bohlensteg und dem ehemaligen Quellgebiet der Ur-Donau gelangen wir in den Feldseewald. Über einen schmalen Pfad geht es bergab bis zu einer Wegkreuzung, an der man dem Schild »Felsenweg« nach rechts folgt. Nach Erreichen des Waldrandes erblickt man das Haus der Natur, das ist das Ziel des Rundweges. Die Gesamtwegstrecke beträgt 6,5 Kilometer.

Nun aber soll es endlich zum majestätischen **Feldberggipfel** gehen. Auf dem Gipfelplateau markiert ein künstlich angelegtes Rondell mit mehreren Granitblöcken den höchsten Punkt Baden-Württembergs. Eine Gedenktafel des Schwarzwaldvereins weist die Höhe des Berges mit 1493 Metern an dieser Stelle aus, eine neuere Orientierungstafel mit 1495 Metern. Man erreicht den Gipfel vom Seebuck aus über einen 1,6 Kilometer langen, asphaltierten Weg, der kaum zu übersehen ist, weil die Wanderer dorthin quasi eine Ameisenstraße bilden. Man sieht den Gipfel mit Turm aber auch schon gut vom Seebuck aus. Der Panoramablick bei gutem Wetter ist von beiden Gipfeln aus unglaublich schön.

Im Feldbergturm befindet sich das Schwarzwälder Schinkenmuseum.

Die Vegetation auf dem Feldberggipfel ist schon subalpin, weswegen das Gebiet den Status eines Naturschutzgebietes erhalten hat. Es ist das älteste und größte Naturschutzgebiet im Ländle. Das Panorama, das einem hier oben geboten wird, sucht seinesgleichen. Es ist eins der umfassendsten ganz Deutschlands mit dem Oberrheingraben im Westen, den Vogesen, dem Pfälzerwald und der Hornisgrinde im Norden, der Schwäbischen Alb und den Hegauvulkanen im Osten. Im Süden beherrscht die gesamte Alpenkette die Szenerie. Insofern reicht der Blick von der Schweiz bis nach Südwestdeutschland und von Österreich bis nach Frankreich. Das ist einzigartig. Wanderern stehen im Sommer zahlreiche Wanderwege mitsamt bewirtschafteter **Berghütten** zur Verfügung. Das sind zum Teil als Alm erbaute Hütten und Berggasthäuser mit einer tollen Aussicht und einer deftigen, heimischen Küche. Um den Gipfel des Feldberges und zum Feldbergsee führt der 12,5 Kilometer lange **Feldberg-Steig** (568 Höhenmeter).

ORT ZUM BERG

Der kleine **Ort Feldberg** ist die höchstgelegene Ortschaft Deutschlands und liegt auf der Passhöhe der Feldbergstraße auf 1277 Metern Höhe – und wirbt für sich mit dem Slogan »Das Höchste im Schwarzwald«.
Einen richtigen Ort darf man sich jedoch nicht darunter vorstellen. Vertreten sind ein Kletterwald, ein Abenteuerspielplatz und Ponyreiten für Kinder, das Hotel Feldberger Hof, eine Pizzeria, Wanderhütten und ein Imbiss sowie eine Wintersportschule. Anlaufstelle Nummer 1 in Feldberg-Ort ist das

Todtnau liegt im Wiesental zwischen den Bergen Feldberg und Belchen.

Haus der Natur, der Verwaltungssitz des Naturparks Südschwarzwald, in dem auch das Naturschutzzentrum des Südschwarzwaldes untergebracht ist. Das moderne Holzgebäude hält eine ganze Menge Erlebnis-Angebote bereit: Fester Bestandteil ist die Dauerausstellung, die anschaulich und mithilfe interaktiver Elemente eindrucksvoll das Miteinander von Mensch und Natur thematisiert. Daneben werden Wechselausstellungen zu verschiedenen Themen angeboten und Führungen durch das Naturschutzgebiet. Geschulte Gästeführer vermitteln unterwegs interessante Informationen über den Naturpark und führen Gruppen zu den schönsten Höhen, Orten und Sehenswürdigkeiten.

WER MIT KINDERN UNTERWEGS IST, sollte auf keinen Fall die Wanderung auf dem Wichtelpfad verpassen. Am Haus der Natur startet der Naturerlebnisweg, der die Geschichte des Wichtel-Postboten Ferdinand und des Auerhahns Anton erzählt. Unterhaltsam und kindgerecht ist der Weg gestaltet, der auch für die Erwachsenen sehr schön ist.

Im Feldberg-Ortsteil Bärental kann man sich bei **Erichs Schnapshäusle** (ausgeschildert mit »Schnapsmuseum«) über die Destillation in der Vergangenheit und in der Gegenwart informieren. Jeden Samstag finden um 14.30 Uhr Führungen statt, im Rahmen derer man die Brennereianlagen und Maische-Maschinen besichtigen kann. Im Anschluss an die Führung gibt es natürlich eine Kostprobe. Das Schnapsmuseum ist ein Konglomerat aus mehreren Museen – auch Motorräder, alte Skier, alte Schnapsfläschchen und ein Apothekenmuseum sind im selben Gebäude. Nebenan kann man im Café Schnapshäusle, in dem auch ein Schaubacken der berühmten Schwarzwälder Kirschtorte (donnerstags um 14.30 Uhr) angeboten wird. Probieren – sie ist köstlich! Es gibt Kombiangebote in allen Variationen mit Schaubacken, Schnapsbrennen und Schinkenverkostung.

10

TODTNAU IM WIESENTAL

12 Kilometer südwestlich von Feldberg und auf 659 Metern Höhe liegt die Gemeinde Todtnau inmitten des Wiesentals, einem Schwarzwaldtal, das nach dem Fluss Wiese benannt ist. Die Lage inmitten der Natur zwischen den beiden Bergriesen Feldberg und Belchen (siehe Ziel 10) ist bestens, der Todtnauer Wasserfall ein bekanntes und beliebtes Naturspektakel. Außerdem gibt es auf dem Gemeindegebiet die rasante Sommerrodelbahn Hasenhorn Coaster. Grund genug also für einen Abstecher hierher. Todtnau hat zehn Stadtteile, der bekannteste davon ist Todtnauberg.
In den einzelnen Stadtteilen gibt es einige fotogene Kirchen. Ein besonders schönes Exemplar ist die **Kirche St. Johannes der Täufer** in Todtnau selbst. Durch ihren erhöhten Standort ist sie weithin sichtbar und allein deshalb zu Recht ein Wahrzeichen der Stadt – sie ist jedoch ohnehin ein Blickfang mit ihrer Mischung aus Stilformen der Renaissance und des Barock.

◀ In Erichs Schnapshäusle wird Schnaps gebrannt … ▲ … außerdem kann man auf Zeitreise gehen … ▼ und natürlich die Erzeugnisse kaufen.

10

Im Ortsteil Todtnauberg ist die **Glasbläserei Rotner** eine Empfehlung. Hier gibt es neben einer Ausstellung und dem Verkauf (auch von Tees und Likören) die Möglichkeit, mit der Glasmacherpfeife eine eigene Glaskugel zu blasen - die man natürlich mitnehmen darf. Die Glasbläserei befindet sich in unmittelbarer Nähe zum Parkplatz des Wasserfalles.

Der **Todtnauer Wasserfall** ist ein Highlight im Südschwarzwald. Zwischen den beiden Ortsteilen Todtnauberg und Aftersteg gelegen, stürzt er sich als einer der höchsten Naturwasserfälle Deutschlands in die Tiefe - genaugenommen aus 97 Metern Höhe. Sein Ursprung ist der Stübenwasen, von wo aus er sich als Stübenbach durch das Hochtal von Todtnauberg schlängelt und über zwei Kaskaden ins Tal stürzt. Das tut er eindrucksvoll und mit sehr viel Getöse. Um dieses entsprechend würdigen zu können, stehen zwei XXL-Liegestühle bereit. Der Wasserfall ist ganz und gar naturbelassen und steht unter Denkmalschutz. Vom Parkplatz aus (mit Kiosk), auf dem man auch ein Wohnmobil abstellen kann, führt ein kurzer Spazierweg durch den Wald zu dem Aussichtspunkt, von dem aus man den Wasserfall in 4D - inklusive Sprühnebel - erleben kann.

Sanfte, grüne Hügellandschaft oberhalb des Ortes Todtnau

Entspannung in XXL: den Wasserfall von zwei Riesenliegen aus betrachten

DER WASSERFALL IST IN EINEN 6,2 KILOMETER langen Rundweg integriert, 270 Höhenmeter gilt es zu bewältigen. Startpunkt ist der Busbahnhof in Todtnauberg. Von dort aus geht es Richtung Aftersteg (unter anderem durch gelbe Raute gekennzeichnet) und entlang des Schönbaches, den man in Aftersteg verlässt. Nach einem weiten Bogen um das Dorf und nachdem wir den Glasbläserhof passiert haben, geht es ein Stück an der Landstraße entlang, und dann ab dem Kiosk am Wasserfall-Parkplatz durch den Wald zum Wasserfall. Nach Betrachten des Naturschauspiels geht es auf dem Wassersteig und der blauen Raute folgend Richtung Todtnau. Dann, vom Hohweg aus, über einen schmalen Pfad in steilen Serpentinen hinab zum Marktplatz und zur Kirche und von dort zurück zum Busbahnhof.

So richtig die Natur genießen kann man auch, indem man auf der **längsten Bankliege der Welt** Platz nimmt – beziehungsweise sich auf diese bettet. Denn auf der 44 Meter langen Bank sind Baumliege an Baumliege und Bank an Bank gebaut, dazwischen befinden sich Picknickplätze. Ob sitzend, liegend oder vespernd – der Panoramablick ins Tal und in die Berge ist atemberaubend und die Natur der reine Genuss.

Eine Fahrt im Coaster ist sowohl ein Abenteuer, als auch ein Natur-Event!

Und es gibt noch mehr Natur, diesmal zu fühlen und zwar mit den Füßen: Der **Barfußpfad Muggenbrunn** ist wunderbar in die umgebende Landschaft integriert und lässt die Füße auf einer Länge von 600 Metern unterschiedliche Naturmaterialien wie Fichtenzapfen, Rindenmulch, Kies, Sand und Schlamm erspüren. Ein Kneippbecken im frischen Bergbach fordert Unerschrockene und ein Balancierstamm den Gleichgewichtssinn heraus. Der Barfußpfad befindet sich in der Nähe des Campingplatzes Muggenbrunn. Eine Grillhütte und neue Tisch- und Bänke-Garnituren sind ebenfalls vorhanden.

Eine Attraktion ganz anderer Art ist der **Hasenhorn Coaster**. Dahinter verbirgt sich die längste Sommerrodelbahn Deutschlands, die Besucher jeden Alters rasanten Fahrspaß beschert. Steile Kurven, spektakuläre Kreisel und abenteuerliche Wellen fordern den Mut der Fahrgäste heraus. Das Tempo des Rodelbobs bestimmt jeder selbst. Hinauf zum Startpunkt auf dem Hasenhorn kann man sich in einer Doppelsesselbahn gondeln – noch kann man die schönen Ausblicke genießen, auf dem Weg hinab hat man dafür keine Zeit – oder keine Nerven …

Über eine knapp 3 Kilometer lange, schienengeführte Strecke brettert man dann blitzschnell ins Tal hinab. Der Betrieb der Bahn findet zwar ganzjährig statt, ist aber wetterabhängig. Deshalb vor einem Besuch am besten anrufen und erfragen, ob sie in Betrieb ist. Tipp: Am Morgen ist es nicht so voll wie am Nachmittag.

Tipp

Wer den Startpunkt des Coasters etwas sportlicher erreichen möchte, der kann über den parallel zum Berghang bergauf führenden Zauberweg die Bergstation der Bahn erreichen. Der Weg ist 3 Kilometer lang, mitunter recht steil und mit märchenhaften Elementen versehen. In die andere Richtung, also bergab, ist er ein sehr empfehlenswerter Kinderwanderweg. Man kann Tickets in allen Variationen kaufen, also beispielsweise nur die Abfahrt mit dem Coaster oder nur die Fahrt bergauf mit dem Lift.

Bleiben wir noch einen Moment auf dem Berg Hasenhorn. Nur einen halbstündigen Fußmarsch von der Bergstation entfernt prangt der hölzerne, offene Aussichtsturm **Hasenhorn Turm** auf 1156 Metern Höhe. Der 20 Meter hohe Turm liegt wie ein Adlerhorst in der unberührten Landschaft, offene Treppen führen hinauf. Von oben blickt man vom Belchen (siehe Ziel 10) über den Stübenwasen bis zum Feldberg.

FREIZEITPARK MITTEN IM NICHTS

Abgeschieden und eingebettet in die hohen Schwarzwaldberge befindet sich ein Kleinod in einer wunderschönen Naturkulisse für jede Altersstufe: der **Steinwasenpark**. An der Passstraße zwischen Kirchzarten (siehe Ziel 11) und Todtnau gelegen umfasst das 35 Hektar große Gelände sowohl einen Vergnügungspark mit Fahrattraktionen, als auch einen Wildpark mit verschiedenen Tierarten in ihrem natürlichen Lebensraum.
Highlight des Parks ist neben den unterschiedlichen Berg-Sommerrodelbahnen und der Achterbahn die 218 Meter lange Seilbrücke, die vom Park als längste Erlebnisseilbrücke der Welt beworben wird. Sie überspannt ein Tal, schwankt abenteuerlich und führt zu dem Teil des Parks, in dem die Wildtiere leben.

AUF EINEN BLICK

Info

STADT/REGION: Feldberg/Breisgau-Hochschwarzwald
BESTE REISEZEIT: Ganzjährig
OPTIMALE REISEDAUER: 1–2 Tage
TOURIST-INFO: Tourist-Info Feldberg im Haus der Natur, Dr.-Pilet-Spur 4, 79868 Feldberg, Tel. 07652/120 60, feldberg@hochschwarzwald.de, www.hochschwarzwald.de/Feldberg

SEHENSWÜRDIGKEITEN

SCHWARZWÄLDER SCHINKENMUSEUM IM FELDBERGTURM: Seebuck, 79868 Feldberg, welcome@schwarzwaelder-schinken-verband.de
FELDBERGBAHN: Tel. 07676/940 91 10, www.feldbergbahn.de
HAUS DER NATUR: Dr.-Pilet-Spur 4, 79868 Feldberg, Tel. 07676/93 36 30, naturschutzzentrum@naz-feldberg.de, www.naturpark-suedschwarzwald.de/de/wissen-erleben
ERICHS SCHNAPSHÄUSLE: Bahnhofstraße 3, 79868 Feldberg, Tel. 07655/341, info@gscheiter-beck.de, www.gscheiter-beck.de
GLASBLÄSEREI ROTNER: Kreuzmattstraße 4, 79674 Todtnau, Tel. 0162/476 86 27
BARFUSSPFAD MUGGENBRUNN: 79674 Todtnau, Tel. 07652/12 06 85 30, www.mein-muggenbrunn.de/barfusspfad-muggenbrunn
HASENHORN COASTER: Brandenbergstraße, 79674 Todtnau, Tel. 07602/94 46 80, info@hasenhorn-rodelbahn.de, www.hasenhorn-rodelbahn.de
STEINWASENPARK: Steinwasen 1, 79254 Oberried, Tel. 07602/94 46 80, info@steinwasen-park.de, www.steinwasen-park.de

CAMPING HOCHSCHWARZWALD

ADRESSE: Oberhäuserstraße 6, 79674 Todtnau, Tel. 07671/12 88, info@camping-hochschwarzwald.de, www.camping-hochschwarzwald.de

An der 3-Seenbahn, aber trotzdem in der Natur: Stellplatz Feldberg

ANFAHRT: Vom Feldberg aus über die B317, rechts nach Todtnau abbiegen, vorbei am Wasserfall und durch Muggenbrunn (auf der Schauinslandstraße), dann links auf Oberhäuserstraße fahren.
GPS: N 47°51'50", E 7°54'59"
Der terrassenförmig angelegte Campingplatz befindet sich oberhalb des Todtnauer Ortsteils Muggenbrunn und ist mit allem Nötigen ausgestattet: Waschmaschine und Trockner, Gaststätte und Kiosk, Brötchenservice und modernem Sanitärbereich. Kostenpflichtiges WLAN, das aber nicht gut funktioniert, ansonsten überhaupt kein Netzempfang. Stellplätze mit Strom und auf Schotteruntergrund. Gute Busanbindung. Die vorbeiführende Straße ist laut, was nachts bis frühmorgens etwas besser wird. Ansonsten grüne, naturnahe Umgebung.

WOHNMOBILSTELLPLATZ FELDBERG

ADRESSE: Dreiseenbahnweg, 79868 Feldberg, Tel. 07655/80 10, homepage@schwarzwald.de
ANFAHRT: Vom Ort Feldberg aus über die B317 fahren bis Abzweig der B500. Auf diese nach rechts abbiegen und ihr folgen, bis links die Bärentaler Straße abzweigt. Dieser folgen, links auf die Ortsstraße und rechts auf den Dreiseenbahnweg abbiegen.
Knapp neun Kilometer von der Talstation der Feldbergbahn entfernt im Feldberg-Ortsteil Altglashütten gibt es am Bahnhof diesen neu angelegten Stellplatz und die einzige Übernachtungsmöglichkeit für Wohnmobilisten. Zentrale Lage und guter Ausgangspunkt für alle Aktivitäten in dieser Region. 16 großzügig angelegte Stellplätze mit Strom und Frischwasser (Bezahlung am Automaten). Kostenlose Entsorgungsmöglichkeit. Liegt direkt an der 3-Seenbahnlinie (eingleisig, stört nicht, nachts ist es ruhig).

AUSSICHTSREICHER PANORAMABERG

Ganzjährige Action auf dem Belchen

Inmitten des Münstertals das pittoreske Kloster St. Trudpert

11

Dass der Belchen nach Feldberg, Seebuck und Herzogenhorn nur die vierthöchste Erhebung des Schwarzwaldes ist, tut seiner Attraktivität keinen Abbruch. Denn der 1412 Meter hohe Gipfel präsentiert einen Panoramablick von der Hornisgrinde über die Vogesen, den Jura, die Alpen und bis hin zum Mont Blanc.

Es ist nicht verwunderlich, dass der Belchen ein beliebtes Ausflugsziel ist. Und deshalb bringt auch eine Seilbahn die Gäste bequem hinauf auf den Berg. Es ist ein sehenswerter Kontrast, wie der Berg mit seinen zerfurchten Steilhängen über 1000 Meter aus dem lieblichen Münstertal herausragt. Ein guter Ausgangspunkt für alle Aktivitäten rund um den Belchen bietet der Luftkurort Schönau.

NATUR UND VIELFALT PUR

Der **Belchen** gilt nicht zuletzt wegen seiner markanten Kuppelform als einer der schönsten Berge im Schwarzwald und ist ein beliebtes Ausflugsziel - und zwar das ganze Jahr über. Ein ausgeprägtes Netz von Wanderwegen und Themenpfaden überzieht den Belchen und bietet für jeden Anspruch etwas, von schmalen Wiesenpfaden bis hin zu breiten Forststraßen. Angefangen bei der Gipfelrunde, die nur 1,3 Kilometer lang

◀ Höchster Punkt des Belchen ▶ Historischer Berggasthof Belchenhaus

ist, aber dennoch einen schönen Eindruck dieses einzigartigen Berges liefert, bis hin zur Panoramarunde, die 5,3 Kilometer lang ist und an der Bergstation der Seilbahn startet. Dort kann man sich an einer Wanderkarte einen Überblick über die verschiedenen Touren verschaffen.

Apropos Seilbahn: Die **Belchen-Seilbahn** wurde eröffnet, weil der Berg aufgrund seiner subalpinen Landschaft und der artenreichen Flora und Fauna unter Naturschutz steht - mit einer Fläche von 1618 Hektar ist das Gebiet sogar das **größte Naturschutzgebiet Baden-Württembergs**. Um den Gipfel nun also autofrei zu halten (vor der Eröffnung der Seilbahn führte eine Fahrstraße hinauf) ist seit 2001 die Seilbahn in Betrieb. Seitdem ist die Straße für den Autoverkehr gesperrt. Maximal acht Fahrgäste passen in eine Gondel, die auf dem Weg nach oben 263 Höhenmeter überwindet. Von diesen leuchten gelben, weithin sichtbaren Gondeln sind 23 unterwegs. Knapp fünf Minuten dauert die Fahrt nach oben. Von der Bergstation aus marschiert man in etwa einer halben Stunde zum **Gipfel** mit dem Gipfelkreuz.

Wandern ist von Frühjahr bis Herbst möglich und schön zu jeder Jahreszeit: Im Frühjahr fängt es überall an zu blühen, im Sommer ist es angenehm warm ohne die drückende Hitze der tieferen Lagen und im Herbst bezaubert die Laubverfärbung. Den Belchen kann man auch mit dem Mountainbike oder dem Fahrrad erobern. Knackige Anstiege und rasante Abfahrten sorgen dafür, dass es niemandem langweilig wird.

Mit der Seilbahn kann man aber auch ganz ohne körperliche Anstrengung auf die baumfreie Kuppe des Belchen hinaufgondeln, den Panoramablick genießen und sich auf der Terrasse des historischen Berggasthofs **Belchenhaus** Kaffee und Kuchen, ein leckeres Vesper oder einen deftigen Eintopf inklusive Alpenpanorama schmecken lassen. Das Belchenhaus liegt unterhalb des Gipfels und bei der Bergstation auf 1360 Metern Höhe und ist damit das höchstgelegene Gasthaus im Schwarzwald.

SCHWARZWALDREGION BELCHEN

Zum Belchen gehört noch ein bisschen mehr als nur der schöne Berg. Das Gebiet auf dessen Südseite ist die **Schwarzwaldregion Belchen**, bestehend aus den beiden Gemeinden Schönau im Schwarzwald und Wieden. Am Fuße des Belchen liegt der Luftkurort **Schönau** - manchen ist der

◀ In fünf Minuten auf den Belchen ▶ Neugotische Kirche in Schönau

Ort deshalb bekannt, weil Bundestrainer Joachim Löw Ehrenbürger von Schönau ist. »Natur pur« ist das Hauptmotto des 2500-Seelen-Ortes. Aber auch eine ganze Menge Freizeitaktivitäten sorgen für Zerstreuung. So gibt es beispielsweise ein beheiztes **Freibad**, das frisch saniert ist und mit Schwimmer- und Nichtschwimmerbecken, Sprungturm und Breitwellenrutsche sowie Minigolf, Tischtennis und einem Volleyballfeld für einen abwechslungsreichen Badetag sorgt.

Schönau ist außerdem Sitz der Geschäftsstelle des **Biosphärengebiets Schwarzwald**. Dies ist neben der Schwäbischen Alb das zweite Biosphärengebiet Baden-Württembergs und wurde 2017 von der UNESCO anerkannt. Im Südschwarzwald haben sich drei Landkreise, 28 Gemeinden und die Stadt Freiburg zu diesem Schutzgebiet zusammengeschlossen.

Leicht abseits des beschaulichen und schmucken Ortskerns prangt die mächtige katholische **Kirche Mariä Himmelfahrt**. Mit ihrem 90 Meter hohen Glockenturm ist sie nicht nur die höchste Kirche im Landkreis Lörrach und weithin sichtbar, sondern auch ein Wahrzeichen der Ortschaft. Sie wurde bereits im 12. Jahrhundert erbaut, aber ihr heutiges neugotisches Erscheinungsbild erhielt sie erst im 18. Jahrhundert.

◀ Wandern auf dem Belchen ▶ Jogi Löw stammt aus Schönau.

Tipp

Zwischen Mai und Oktober kann man nach Voranmeldung bei der Tourist-Info Schönau immer mittwochs zwischen 11 und 12 Uhr den Kirchturm der Himmelfahrtskirche mit dem Bürgermeister zusammen besteigen. Anmeldung bis zum Vortag unter 07673/91 81 30 oder info@schwarzwaldregion-belchen.de.

Schönau ist die größte der neun Gemeinden der Schwarzwaldregion Belchen. Sie alle zu beschreiben, würde hier den Rahmen sprengen. Erwähnenswert ist jedoch der Ort **Wieden**, der mit einem umfangreichen Wanderwegenetz aufwartet. Am Wiedener Eck beispielsweise startet der Rundwanderweg **Belchensteig**, der als einer der schönsten Premiumwanderwege des Schwarzwaldes gilt (knapp 15 Kilometer und 621 Höhenmeter). Aber auch Themenpfade, etwa zum Bergbau im Wiedener Tal, haben in Wieden ihren Ursprung.

Ist man in Wieden unterwegs, lohnt sich auch ein Blick in das **Besucherbergwerk Finstergrund**. Die Geschichte des Bergwerkes reicht bis ins 13. Jahrhundert zurück. Im Rahmen einer einstündigen Führung kann man den Stollen erkunden und erfährt geschichtliche Einzelheiten. Besonders originell ist die Einfahrt in den Stollen an Bord einer Grubenbahn. Mit diesem Zügli geht es 1 Kilometer weit ins Bergwerk hinein, danach folgt der Rundgang zu Fuß, der verschiedene Stationen passiert. Im Anschluss an die Führung kann man eine Ausstellung zur Bergwerkstechnik besuchen und eine Mineralienschau besichtigen und/oder sich im Bergwerkstüble stärken. Ein Highlight der Region ist auch das benachbarte **Münstertal**. Es wird »Tal der hundert Täler« genannt und tatsächlich sieht man von den Bergen und Erhöhungen der Umgebung aus, wie imposant dieses landschaftlich liebliche Tal ist. Natürlich bestimmt der Belchen das Landschaftsbild mit und das Besondere ist, dass nirgendwo sonst ein so hoher Schwarzwaldberg so nah an die Rheinebene heranrückt. Der Ort könnte nicht malerischer sein mit dem fotogenen **Rathaus**, den weit verstreuten Siedlungskernen, den schmucken Schwarzwaldhöfen und vor allem dem stattlichen **Kloster St. Trudpert**, das über dem Ort wacht und den Mittelpunkt des Münstertals bildet.

Empfehlenswert ist ein Ausflug in den benachbarten malerischen Ort **Stauffen** mit seiner über die Weinberge ragenden Burg und der geschmackvollen Fußgängerzone.

Unwirklich schön liegt das Rathaus von Münstertal an einem Kreisverkehr.

AUF EINEN BLICK

Info

STADT/REGION: Belchen/Schwarzwaldregion Belchen
BESTE REISEZEIT: Ganzjährig
OPTIMALE REISEDAUER: 1–2 Tage
TOURIST-INFO: Tourist-Info Schönau, Neustadtstraße 1, 79677 Schönau im Schwarzwald, Tel. 07673/91 81 30, info@schwarzwaldregion-belchen.de, www.schwarzwaldregion-belchen.de
Tourist-Info Wieden, Kirchstraße 2, 79695 Wieden, Tel. 07673/303

SEHENSWÜRDIGKEITEN

BELCHEN-SEILBAHN: Belchen 1, 79677 Schönenberg, Tel. 07673/88 82 80, www.belchen-seilbahn.de
FREIBAD SCHÖNAU: Friedrichstraße 54, 79677 Schönau im Schwarzwald, Tel. 07673/886 90 10
BIOSPHÄRENGEBIET SCHWARZWALD: Geschäftsstelle: Brand 24, 79677 Schönau im Schwarzwald, Tel. 07673/889 402 43 70, biosphaerengebiet-schwarzwald@rpf.bwl.de, www.biosphaerengebiet-schwarzwald.de
BESUCHERBERGWERK FINSTERGRUND: Tel. 07673/14 56, 79695 Wieden, info@finstergrund.de

CAMPING MÜNSTERTAL

ADRESSE: Dietzelbachstraße 6, 79244 Münstertal, Tel. 07636/70 80, info@camping-muenstertal.de, www.camping-muenstertal.de
ANFAHRT: Im Zentrum des Ortes Münstertal an der Kreuzung Wasen-Ziegelplatz nach Westen fahren, nach 1,6 km rechts auf die Dietzelbachstraße abbiegen, der Campingplatz folgt rechts und links der Straße.
GPS: N 47°51'35", E 7°45'49"
Gut ausgestatteter 5-Sterne-Platz in herrlicher Lage inmitten der Bergwelt am Beginn des Münstertals. Alle zumeist schattigen Stellplätze verfügen über alle Anschlussarten (auch TV) sowie Frischwasser und Abwasser. Mit Freibad und Hallenbad, sehr sauberen, beheizten,

modernen Sanitäranlagen mit Spülraum inklusive Spülmaschine, Waschmaschine und Trockner sowie Babywickelraum mit Badewanne und Hundedusche. Außerdem Möglichkeit, ein eigenes Badezimmer zu mieten. Supermarkt mit Brötchenservice. Großer Platz, sehr voll in der Hochsaison. Vor dem Campingplatz ist ein Stellplatz vorhanden.

◀ Der Camping Münstertal ist gut ausgestattet … ▶ … mit viel Schatten.

WOHNMOBILSTELLPLATZ SCHÖNAU IM SCHWARZWALD

ADRESSE: Wiesenstraße 7, 79677 Schönau im Schwarzwald, Tel. 07671/96 24 46, info@keller-wohnmobil.de, www.wohnmobil-stellplatz-schoenau.de

ANFAHRT: Von der Tourist-Info Schönau auf die Neustadtstraße Richtung Nordosten, dann Richtung Norden fahren, weiter auf die Bahnhofstraße, dann links abbiegen auf die Wiesenstraße. Der Stellplatz befindet sich auf der linken Seite.

GPS: N 47°47‘02“, E 7°53‘45“

Schön in die Natur eingebetteter Stellplatz neben einem Fluss und mit Blick auf den Ort Schönau. Platz für drei Wohnmobile auf geschottertem Untergrund, mit kostenpflichtigem Strom und kostenpflichtigem Wasser (am Automaten bezahlbar) sowie für Stellplatzbesucher kostenloser Entsorgung. Die Anmeldung erfolgt bei der Tourist-Info Schönau. Es besteht eine Busverbindung zur Talstation der Belchenbahn. Ansonsten kann man vom Stellplatz aus direkt loswandern oder losradeln.

DIE HAUPTSTADT IM SCHWARZWALD

Perfekte Stadt-Natur-Kombi Freiburg

◄ Zutritt in die Altstadt durch das Schwabentor ▲ Bequem per Gondel auf den Hausberg Schauinsland ▼ Das Theater am Rand der Altstadt

12

Sonnenverwöhnt, mit mildem Klima, viel Kultur und einer historischen Altstadt ist die Stadt Freiburg das Highlight im Schwarzwald. Und nicht nur die geschichtsträchtige Großstadt darf auf keinem Urlaubsplan fehlen – auch die Natur drumherum, vor allem der Hausberg Schauinsland, lockt zu Ausflügen.

Da die Breisgau-Metropole mit ihrer einzigartigen Kombination aus Stadterlebnis und Natur schon mehr als genug Erlebnisse für einen Kurztrip bietet, muss man wohl noch einmal wiederkommen, um alles zu sehen. Es ist eine der romantischsten Städte Deutschlands mit einem mediterranen Flair – wo sonst gibt es in einer Stadt dieser Größe Olivenbäume und Palmen? Die südlichste Großstadt Deutschlands liegt an einer der wichtigsten europäischen Nord-Süd-Verbindungen, an der Autobahn A5, und den Bundesstraßen B3 und B31. Basel in der Schweiz ist 70 Kilometer entfernt, die französische Grenze keine 20 Kilometer Luftlinie. Schnell sind sowohl der Mittlere Schwarzwald als auch der Südschwarzwald erreicht.

HISTORISCHES SCHMUCKSTÜCK

Für einen ersten Überblick über **Freiburg** bietet es sich an, zunächst einmal die Sehenswürdigkeiten der historischen Altstadt anzuschauen. Die im wahrsten Sinne des Wortes alles überragende Sehenswürdigkeit ist das **Freiburger Münster** – es ist das Wahrzeichen der Stadt. Das Gotteshaus besteht aus mächtigen Mauern und Pfeilern und einem 116 Meter hohen Westturm. Der gotische Turm ist der erste in der Geschichte, der in einer vollständig durchbrochenen Weise erbaut wurde und gilt damit als Vorbild für zahlreiche europäische Kirchen. Der Münsterturm kann bestiegen werden. Von den Kriegsbomben verschont, erzählt das Münster von 800 Jahren Stadtgeschichte – allein 300 Jahre hat seine Erbauung gedauert. So wie der Turm weithin sichtbar ist, ist der Klang der drei Tonnen schweren Angelusglocke (eine der ältesten Deutschlands) weithin zu hören. Bei Umrundung des Münsters trifft man auf fast 100 Wasserspeier, die das Gebäude nicht nur vor zu viel Regenwasser schützen, sondern auch Dämonen abhalten sollen.

Auf dem Münsterplatz findet wochentags immer am Vormittag der **Münstermarkt** mit frischem Obst, Gemüse und Blumen statt. Rund um den

12

Münsterplatz gruppieren sich Läden, Hotels, Cafés und Restaurants, sowie das **Kornhaus**, der **Fischbrunnen**, das **Historische Kaufhaus** mit seiner prächtigen Fassade und das **Museum für Stadtgeschichte**. Letzteres ist im spätbarocken Wohnhaus **Wentzingerhaus** untergebracht und zeigt Exponate aus 900 Jahren Stadtgeschichte. Modelle präsentieren Freiburg mit seinen mittelalterlichen Mauern und Toren um 1600.

Apropos Tore: Freiburg wurde einst von einer Stadtmauer umgeben; heute zeugen nur noch zwei übriggebliebene Stadttore von der mittelalterlichen Wehranlage: das **Schwabentor** mit Glockentürmchen und Zwiebelhaube und das ältere, 63 Meter hohe **Martinstor**, an dessen Innenseite an die Hexenverfolgung erinnert wird. Aus dem 17. Jahrhundert stammt der einzige erhaltene Torbau **Breisacher Tor**, eine Barockbefestigung, in der sich heute ein Café, Räume der Universität und städtische Einrichtungen befinden.

Die beiden Rathäuser, das Alte und das Neue Rathaus, stehen direkt nebeneinander am **Rathausplatz** und sind über einen Steg miteinander verbunden. Beide fungieren als Verwaltungssitz der Stadt Freiburg. Das **Alte Rathaus** ist ein Renaissance-Gebäude, das nach einem Bombenangriff 1944 komplett wiederaufgebaut wurde. Seine Fassade ist farbenfroh bemalt und oberhalb der Uhr prangt am Giebel der Doppeladler des Heiligen Römischen Reichs. Im Erdgeschoss des Alten Rathauses befindet sich die Tourist-Info.

◀ Schmuckes altes Rathaus ▶ Auch die Gerichtslaube ist ein früheres Rathaus.

◀ Bachläufe durchziehen die Gässchen. ▶ Wahrzeichen Freiburgs: das Münster

Kurioserweise ist das **Neue Rathaus** älter als das alte – und um die Verwirrung komplett zu machen, gibt es noch ein drittes Rathaus, die sogenannte **Gerichtslaube**. Sie stammt aus dem Jahr 1303 und war das erste Rathaus der Stadt. Als dieses zu klein wurde, errichtete man das Alte Rathaus, das ab 1559 als Verwaltungssitz fungierte.

Das **Neue Rathaus** gehörte bis 1891 zur Universität und entstand ursprünglich aus zwei Renaissance-Häusern mit giebelgeschmückten Säulenportalen. Viele Umbaumaßnahmen später erhielt es Ende des 19. Jahrhunderts sein heutiges Aussehen als weißgetünchter Bau mit Balkonen und Erkern. So hübsch es von außen anzusehen ist, so schmuck ist es auch innen mit aufwendigen Holzschnitzereien und Stuckornamenten an den Decken.

Ungewöhnlich ist, dass die Freiburger Altstadt nicht nur von historischen Bauwerken und malerischen Gässchen charakterisiert wird, sondern auch von den Bächlein, die munter durch die Straßen plätschern. Planschen ist ausdrücklich erwünscht und an warmen Sommertagen freuen sich die geplagten Füße während der Sightseeing-Tour über die kühle Erfrischung. Die Wasserläufe in den flach gepflasterten Rinnen sind mit Flusswasser aus der Dreisam gespeist und dienten früher den Menschen als Trink-, Brauch- und Löschwasser.

Nicht nur das südländische Flair Freiburgs, sondern auch die Tatsache, dass die Stadt in einer der wärmsten Gegenden Deutschlands liegt, sorgt im Sommer für ein lebhaftes Treiben im Freien. Zahlreiche Gaststätten, Cafés und Kneipen sind im Außenbereich bestuhlt und in den Biergärten herrscht im Sommer Hochbetrieb bis in die Nacht hinein. Freiburg ist schließlich ganz nebenbei auch noch eine Universitätsstadt …

◀ Das Münster dominiert die Altstadtkulisse. ▶ Markt auf dem Münsterplatz

Tipps

Was die kulinarischen Genüsse anbelangt, gibt es zwei Empfehlungen, die Markthalle Freiburg ist eine davon. Köche bereiten neben regionalen Spezialitäten Leckereien aus aller Herren Länder zu. Untergebracht in einem denkmalgeschützten Sandsteingebäude wurde hier früher die Freiburger Zeitung gedruckt – heute treffen sich Touristen, Büroangestellte und Feinschmecker. Die Markthalle ist zu einer Institution geworden, am Wochenende gibt es Live-Musik. Sie befindet sich in der Grünwälderstraße 4 in 79098 Freiburg, www.markthalle-freiburg.de.

Das kulinarische Wahrzeichen Freiburgs ist die Lange Rote. Die knackige Rostbratwurst ist 35 Zentimeter lang und an mehreren Ständen des Münstermarktes mit und ohne Zwiebeln (das ist hier eine Glaubensfrage!) erhältlich. Tipp: Wer sich nicht als Tourist zu erkennen geben möchte, darf seine Lange Rote auf keinen Fall knicken. Der echte Freiburger isst sie am Stück, auch wenn sie auf beiden Seiten noch so weit aus dem Brötchen herausragt.

Ebenfalls unter freiem Himmel finden oft die zahlreichen **Kultur-Events** statt, denn Jazz, Rock und Pop sind in Freiburg ebenso instituiert wie Darbietungen von Orchestern, Ensembles und Chören. Die Freiburger **Kunstszene** zeigt sich in Form von Kunstwerken und Skulpturen, die zum Teil humoristisch, zum Teil nachdenklich, zum Teil historisch Kunst in allen Variationen darbieten.

12

Die Liste der Sehenswürdigkeiten in der Freiburger Altstadt ließe sich noch endlos fortsetzen. Die Alte Wache, die heute eine Vinothek beherbergt, das Augustinermuseum, eine kunstvolle Verbindung zwischen historischer Substanz und moderner Bauart, das Colombischlössle, in dem das Archäologische Museum untergebracht ist, oder das prächtige Erzbischöfliche Ordinariat sind nur ein paar Beispiele weiterer sehenswerter Bauwerke.

Tipp

Um die malerische Altstadt und all ihre romantischen Winkel und historischen Gebäude möglichst umfassend kennenzulernen, empfiehlt sich eine Erkundung per Fahrrad. Wer keinen eigenen Drahtesel dabei hat, kann hierfür auf Frelo zurückgreifen, den Fahrradverleih Freiburgs. Wie das funktioniert, wo die Standorte sind und was es kostet, darüber informiert die Internetseite www.frelo-freiburg.de. Hinweis: Die Rad-Vorrang-Route FR1 gewährt Radfahrern fast im gesamten Stadtgebiet Vorfahrt.

Nicht nur auf all die Pracht der historischen Altstadt, sondern auch auf das Rheintal und den Schwarzwald kann man von der Bergkuppe **Schlossberg** aus blicken. Die erhöht gelegene Parkanlage bietet neben dem Panoramablick auch ein ausgeprägtes Netz von Spazierwegen und zahlreiche Aussichtspunkte. Hier oben hatten die Franzosen im 17. Jahrhundert eine Festungsanlage errichtet, die aber nach deren Abzug keine 100 Jahre später gesprengt wurde. Die Umrisse der ehemaligen Anlage sind noch zu erkennen und die Hauptbefestigungsanlage am oberen Schlossberg ist mit Informationstafeln ausgestattet.

Man kann von der Fußgängerbrücke am Schwabentor den Schlossberg zu Fuß erreichen und gelangt zum Kanonenplatz, von dem aus ein steiler Serpentinenweg zum Gipfel des Schlossberges und dem 35 Meter hohen **Schlossbergturm** führt. Man kann aber auch bequem mit der **Schlossberg-Bahn** auf die Erhöhung gondeln. Die Talstation liegt im Schlossgarten und befördert als schienengeführter Schrägaufzug die Fahrgäste in drei Minuten vom Stadtzentrum hinauf in das Naherholungsgebiet. Endstation ist das Schlossberg-Restaurant Dattler.

Wer eine Verschnaufpause vom Trubel in der Schwarzwald-Metropole braucht, dem sei der 35 Hektar große **Seepark** ans Herz gelegt. Das

12

Naherholungsgebiet liegt im Freiburger Westen. Rund um den Badesee, der mit seinem Pontonsteg den Mittelpunkt bildet, gibt es eine Liegeweise zum Entspannen, einen Bootsverleih, einen Japanischen Garten, Minigolf, einen Aussichtsturm und für die Kleinen einen Kinderspielplatz.
Eine Auszeit vom Stadtleben bietet auch der **Waldsee**, nur wenige Schritte vom Campingplatz am Möslepark entfernt mit einer Gaststätte am Seeufer, der in seinem schönen Biergarten auch Plätze direkt am See hat. Man kann am Waldsee Tretboote mieten oder einfach nur die Stille genießen.

TOR ZUM SCHWARZWALD

Der Übergang zwischen der Breisgau-Metropole und der Natur ist nahtlos - die Bezeichnung **Tor zum Schwarzwald** gerechtfertigt. Freiburg ist Ausgangspunkt zur wichtigsten Tourismusregion der deutschen Mittelgebirge. Kaum überquert man die Stadtgrenze, ist die Umgebung waldreich und das wunderschöne **Dreisamtal** bietet intakte Natur. Der namensgebende Fluss **Dreisam** fließt hindurch und es erstreckt sich wenige Kilometer östlich von Freiburg.

Symbiose: Vorne die Großstadt, hinten die Bergwelt des Schwarzwaldes

Der Baumkronenweg Waldkirch bietet Abenteuer, Natur und Ausblicke.

Das Zentrum des Dreisamtals bildet der lebendige Ort **Kirchzarten**. Ob bei einem gemütlichen Bummel durch die einladende Fußgängerzone oder einem Besuch des Dreisambades, einer Wanderung oder Radtour – der schnuckelige Ort bietet Entschleunigung und Genuss. In den Sommermonaten finden in der Fußgängerzone oder im Innenhof des ehemaligen Wasserschlosses Talvogtei musikalische oder akrobatische Darbietungen statt.

Eine weitere Naturattraktion im Umfeld von Freiburg ist der **Baumkronenweg Waldkirch**, ein großes Naturerlebnisareal am Westrand des Schwarzwaldes, 16 Kilometer von Freiburg entfernt. Das Highlight ist der 200 Meter lange Baumwipfelweg, der teilweise auf 23 Metern Höhe verläuft und von dem aus nicht nur die Baumkronengrenze des Schwarzwaldes überblickt werden kann, sondern auch Panoramablicke über Waldkirch und das Oberrheintal möglich sind. Eine 190 Meter lange Riesenröhrenrutsche verspricht eine rasante Abfahrt – es ist die längste Röhrenrutsche Europas. Neben dem Baumwipfelpfad gibt es einen Barfußpfad und einen Abenteuerpfad (mit Hängebrücken, Kletternetzen und Wackelbrücken) sowie den 1,1 Kilometer langen Sinnesweg, über den man vom Parkplatz zum Eingang des Baumkronenwegs gelangt. Diese Strecke muss zwingend bewältigt werden; sie führt mitunter recht steil bergauf. Es gibt keine nähere Parkmöglichkeit. An Erlebnisstationen führt der Weg unterhaltsam hinauf, vor allem Kinder werden ihren Spaß daran haben, Tierspuren zu suchen und eine Hängebrücke zu überwinden.

Unterhalb des Baumkronenweges befinden sich der Schwarzwaldzoo und der Stadtrainsee. An einem kleinen Waldspielplatz am Eingang zum Baumkronenweg gibt es eine Grillstelle, an der man mitgebrachte Würstchen brutzeln kann. Hunde sind auf dem Gelände angeleint erlaubt.

12

FAST SO HOCH WIE DER FELDBERG

Etwa 10 Kilometer südöstlich der Freiburger Stadtmitte befindet sich der Freiburger Hausberg **Schauinsland**. Er ist 1284 Meter hoch, sein Gipfel liegt auf Freiburger Gemarkung, der ganze Gipfelbereich ist Naturschutzgebiet. Der Berg ist ein intensiv genutztes Naherholungsgebiet mit einer Menge Sehenswürdigkeiten und Aktivitäten. Wandern und ausgedehnte Spaziergänge stehen das ganze Jahr über auf dem Programm. Im Winter sind Langlauf und Abfahrtski möglich und für Rodelfans stehen zwei Schlittenhänge zur Verfügung, einer sogar mit Schlittenlift. Mountainbiker nutzen den Gipfel für Offroad-Touren, aber auch Rennradfahrer kommen auf ihre Kosten.

Tipp

Eine 8 Kilometer lange Downhill-Strecke bietet als längste Rollerstrecke Europas ein ganz besonders sportliches Abenteuer. An der Bergstation der Schauinslandbahn werden Hightech-Roller ausgegeben, mit denen man auf ausgewiesenen und präparierten Waldwegen zur Talstation brettern kann. Weitere Informationen zu dieser Aktion erhält man bei Steiber (Tel. 0761/2 64 68, steiber@rollerstrecke.de, www.schauinsland.de/rollerstrecke).

Auffällig auf der Kuppe des Schauinsland sind die **Windbuchen** (Windflüchter), die aufgrund ihrer exponierten Lage und des stetigen Windes aus westlicher Richtung ihren Wuchs angepasst haben und in die entsprechende Richtung geneigt sind. Denn die Buchen bilden durch die oftmals orkanartigen Stürme besonders starke Flachwurzeln nach Westen aus, Stamm und Zweige wachsen dagegen aber eher nach Osten. Das sieht mitunter sehr surreal aus und es ist zu jeder Jahreszeit ein Naturspektakel, diese knorrigen, viele hundert Jahre alten Bäume zu betrachten.

Zum Gipfelbereich gelangt man ab dem Campingplatz am Möslepark entweder innerhalb einer 20-minütigen Wohnmobilfahrt (Parkplätze im Gipfelbereich vorhanden) oder – besonderer – in einer der 37 Gondeln der **Schauinslandbahn.** Das ist Deutschlands längte Umlaufseilbahn: Sie überwindet auf einer Länge von 3,6 Kilometern knapp 750 Höhenmeter. Schon die Fahrt hinauf beschert wunderbare Panoramablicke über die

◀ Seilbahn auf den Schauinsland-Gipfel. ▶ Blick von der Bergstation

Rheinebene mit dem 557 Meter hohen vulkanischen Mittelgebirge Kaiserstuhl und in die Vogesen. Oben angekommen kann man den Gleitschirmfliegern zuschauen, die an der Bergstation starten. Anschließend kann man zu einer der zahlreichen Wanderungen in allen Längen aufbrechen, die es in der Gipfelregion gibt. Auf der Webseite der Schauinslandbahn zeigt eine sehr schöne Übersicht die vielfältigen Wanderwege (www.schauinslandbahn.de/hoch-erleben/angebote/#wandern). Im Gipfelbereich steht eine Einkehrmöglichkeit zur Verfügung. Auf der schattigen Terrasse kann man auf breiten Holzliegen oder in Holz-Hängeschaukeln die Aussicht genießen.

ERLEBNISREICHE TOUREN BIETEN die beiden Biosphären-Ranger an und sie vermitteln Informatives über die Tiere und Pflanzen, das Landschaftsbild und die alpinen Gegebenheiten im Schwarzwald. Die Wanderungen, für die eine gute Kondition Voraussetzung ist, sind zwischen 6 und 7 Kilometer lang und dauern drei bis vier Stunden. Im Anschluss besteht eine Einkehrmöglichkeit. Treffpunkt ist die Bergstation der Schauinslandbahn. Auskunft erhält man unter Tel. 07673/88 94 02 43 70 oder biosphaerengebiet-schwarzwald@rpf.bwl.de.

Chillig: der Waldsee in der Nähe des Campingplatzes am Möslepark

Auf dem Gipfel des Freiburger Hausberges thront auch der offene **Schauinslandturm** (ebenso als Eugen-Keidel-Turm bekannt), einen kurzen Spaziergang von der Bergstation der Schauinslandbahn entfernt. Auf 20 Metern Höhe befindet sich eine Aussichtsplattform, die man über einen stählernen Treppenaufgang erreicht und von der aus der Panoramablick noch ein bisschen spektakulärer ist.
In luftigen Höhen oben auf dem Schauinsland befindet sich das **Museums-Bergwerk Schauinsland**. Es ist das letzte aktive Bergwerk im Schwarzwald, durch das aber dennoch Führungen angeboten werden. In drei verschieden langen Führungen (45 Minuten, 1,5 und 2,5 Stunden) kann man das Silberbergwerk besichtigen und dabei knapp 800 Jahre Bergbaugeschichte erleben. Es ist das größte Bergwerk des Schwarzwaldes und der Vogesen.
Einen weiteren geschichtlichen Einblick über das Schwarzwaldleben kann man sich im **Museum Schniederlihof** verschaffen, einem über 400 Jahre alten Schwarzwaldhof, der noch bis 1966 bewirtschaftet war. Hier wird originalgetreu und anschaulich das frühere Leben auf Schwarzwaldhöfen dargestellt. Das Museum liegt auf halbem Weg zum Schauinsland-Gipfel.

Tipp

Von Freiburg aus ist in nur einer halben Stunde Fahrtzeit der Europapark erreicht. Es ist der meistbesuchte Freizeitpark im deutschsprachigen Raum mit unzähligen Achterbahnen und Attraktionen, zahlreichen Themenbereichen, der neuen Wasserwelt Rulantica und Shows von Weltklasse. Der Europapark wurde schon mehrfach in Folge zu einem der besten Freizeitparks der Welt gekürt. Zum Park gehört auch ein Campingplatz.

AUF EINEN BLICK

Info

STADT/REGION: Freiburg/Breisgau
BESTE REISEZEIT: Ganzjährig
OPTIMALE REISEDAUER: 3 Tage
TOURIST-INFO: Tourist-Info Freiburg, Rathausplatz 2-4, 79098 Freiburg im Breisgau, Tel. 0761/388 18 80, touristik@fwtm.de, www.visit.freiburg.de/attraktionen/tourist-information-freiburg
Tourist-Info Dreisamtal, Hauptstraße 24, 79199 Kirchzarten, Tel. 07661/90 79 80, tourist-info@dreisamtal.de, www.dreisamtal.de

SEHENSWÜRDIGKEITEN

FREIBURGER MÜNSTER: Münsterplatz, 79098 Freiburg im Breisgau, www.freiburgermuenster.info
MUSEUM FÜR STADTGESCHICHTE: Münsterplatz 30, 79098 Freiburg im Breisgau, Tel. 0761/201 25 15, msg@stadt-freiburg.de
SCHLOSSBERG-BAHN: Tel. 0761/13 71 70 90, www.schlossberg-bahn.de
BAUMKRONENWEG WALDKIRCH: Parkplatz: Erwin-Sick-Straße, 79183 Waldkirch, Tel. 0151/50 40 48 67, info@baumkronenweg-waldkirch.de, www.baumkronenweg-waldkirch.de
SCHAUINSLANDBAHN: Talstation: Bohrerstraße 11, 79289 Horben, Tel. 0761/451 17 77, www.schauinslandbahn.de
MUSEUMS-BERGWERK SCHAUINSLAND: Schauinslandstraße 390, 79254 Oberried, Tel. 0761/28 00 50, steiber@schauinsland.de, www.schauinsland.de/museums-bergwerk
MUSEUM SCHNIEDERLIHOF: Gegendrumweg 3, 79254 Oberried, Tel. 0170/346 26 72, museum-schniederlihof@t-online.de
EUROPAPARK: Europa-Park-Str. 2, 77977 Rust, Tel. 07822/77 66 88, info@europapark.de, www.europapark.de

AUF EINEN BLICK

CAMPING FREIBURG AM MÖSLEPARK

ADRESSE: Waldseestraße 77, 79117 Freiburg im Breisgau, Tel. 0761/767 93 33, info@camping-freiburg.com, www.camping-freiburg.com

ANFAHRT: Von der Freiburger Altstadt über den Schlossbergring und die Schwarzwaldstraße fahren bis Abzweig Möslestraße. Auf diese rechts einbiegen, dann links auf die Waldseestraße, der Platz folgt rechter Hand.

GPS: N 47°58'52", E 7°52'53"

Einziger Campingplatz im Stadtgebiet, dafür aber ein kleines Juwel: Moderner, blitzsauberer und gepflegter Campingplatz, nur 2,5 Kilometer von der Freiburger Altstadt entfernt und im Grünen am Landschaftsschutzgebiet Möslepark gelegen. Zur Altstadt gelangt man zu Fuß entlang des Flusses Dreisam in 40 Minuten oder mit der Straßenbahn ab Haltestelle Musikhochschule. Modernes Sanitärgebäude und ein Café mit Frühstücks- und Brötchenservice sowie eine Gastronomie mit lauschigem Außenbereich am Platz. Stromanschluss, Wasser und Abwasser sind zentral verfügbar. In einer Camping-Küche gibt es Kochplatten, einen Wasserkocher, Mikrowelle und Geschirr. Kein Massenplatz, sondern klein und fein, sehr nettes Personal, viel Schatten.

◀ Empfehlenswert: Camping am Möslepark ▶ Eine gepflegte Anlage

Camping Kirchzarten: groß, gut ausgestattet, viel geboten

CAMPING KIRCHZARTEN

ADRESSE: Dietenbacher Straße 17, 79199 Kirchzarten, Tel. 07661/904 09 10, info@camping-kirchzarten.de, www.camping-kirchzarten.de

ANFAHRT: Von der Freiburger Altstadt aus über die B31 in südöstliche Richtung fahren. Im Ortsteil Zarten Ausfahrt Richtung St. Peter/Stegen/Todtnau/Oberried/Kirchzarten nehmen. Nach 1,5 km links zum Campingplatz abbiegen.

GPS: N 47°57‘38“, E 7°57‘02“

Großer Campingplatz mit allen Ausstattungsmerkmalen und ausgeprägter Infrastruktur. Alle geräumigen Stellplätze haben Stromanschluss, auf den Komfortplätzen zusätzlich auch Wasser- und Abwasseranschluss direkt am Platz. Auswahl an Plätzen unter Bäumen oder in der Sonne. Drei Sanitärgebäude, Mietbadezimmer, Hundedusche, Küchen- und Waschhäuser mit Spülbecken, Waschmaschinen und Trocknern, Lebensmittelladen, Restaurant mit Biergarten, Fernsehraum, außerdem Freibad, Kinderspielplatz, Spielzimmer und Jugendraum. Direkt nebenan befindet sich das Dreisambad.

Orts- und Sachregister

3-Seenbahn 109, 122

Adventure World/Murgtal-Arena 15
Allerheiligenwasserfälle 43, 45
Alpirsbach 70 f.
Alternativer Wolf- und Bärenpark Schwarzwald 75

Bad Dürrheim 99 f.
Badener Höhe 22
Badeparadies Schwarzwald 107
Baiersbronn 48 ff.
Bärental 136
BarfussPark Hallwangen 73
Barfußpark Park mit allen Sinnen 80
Barfußpfad Muggenbrunn 140
Baumkronenweg Waldkirch 159
Belchen 144 ff.
Belchen-Seilbahn, -haus 146
Bergwerk Friedrichs Fundgrube 67
Bernau 125
Besucherbergwerk Finstergrund 148
Biosphärengebiet Schwarzwald 9, 147
Bonuskarten 13
Brauerei Rothaus 122 f.
Brauereigasthof Löwen-Post 71
Buhlbach 55
Buhlbachsee 42
Burg Husen 83

Darmstädter Hütte 40
Deutsche Uhrenstraße 11
Donauquelle 101
Dreisamtal 158 f.

Edelfrauengrab-Wasserfälle 32
Ellbachseeblick 68
Europapark 162

Feldberg 7, 132 ff.
Feldbergbahn 134
Forbach 14 ff.
Freiburg 152 ff.
Freilichtmuseum Vogtsbauernhof 79
Freizeitzentrum Mehliskopf 20
Freudenstadt 62 ff.

Gaishöll-Wasserfälle 29
Glasbläserei Dorotheenhütte Wolfach 85
Gengenbach 90
Geroldsauer Wasserfall 23
Gertelbach-Wasserfälle 23
Gutach 78 ff.
Gutachtal 79

Hasenhorn 140 f.
Himmelssteig 74
Himmelswege 51 f.
Hofgut Sternen 112
Höllental 112 f.
Hornberg 81
Hornberger Uhrenspiele 83
Hornisgrinde 7, 27, 34 f.

Karlsruher Grat 32
Kinzigtal 83 f.
Kloster Reichenbach 56
Klosterkirche St. Nikolaus 70
Klosterruine Allerheiligen 44 f.
Kniebis 68
Kulturpark Glashütte Buhlbach 53 f.

Lehenkopfturm 128
Loßburg 71
Lotharpfad 42

Mehliskopf 19
Menzenschwand 128
Mittlerer Schwarzwald 8
Mummelsee 33, 35
Münstertal 148
Murgtal 14 ff.
Museums-Bergwerk Schauinsland 162

Nationalpark Schwarzwald 8, 38 ff.
Nationalparkzentrum 17, 41
Naturpark Südschwarzwald 9, 105
Neckarquelle 99
Nordschwarzwald 7, 15

Ravennaschlucht, -brücke 114
Riesenbühlturm 122
Ruhestein 38 ff.

Sankenbachsee, -wasserfall 52 f.
Sasbachwalden 26 ff.
Schauinsland 153, 160 ff.
Schliffkopf 41
Schlossberg-Bahn Freiburg 157
Schluchsee 118 ff.
Schönau 146 f.
Schwarzenbachtalsperre 19
Schwarzwälder Wandersinfonie 73
Schwarzwaldhochstraße 8, 10, 19 f.
Seebach 31
Seebuck 133
Seerundfahrten Schluchsee 119 f.
Seerundfahrten Titisee 110 f.
Seibelseckle 33, 35
St. Blasien 126 f.
Stauffen 149
Steinwasenpark 141

Titisee 104 ff.
Todtnau 137 f.
Tour de Murg 16
Touristeninformation
  Alpirsbach 75
  Baiersbronn 60
  Bernau 129
  Dreisamtal 163
  Feldberg 142
  Forbach 24
  Freiburg 163
  Freudenstadt 75
  Gengenbach 93
  Gutach 93
  Hornberg 93
  Nationalparkzentrum Schwarzwald 46
  Ottenhöfen 36
  Sasbachwalden 36
  Schluchsee 129
  Schönau (Belchen) 150
  Seebach 36
  St. Blasien 129
  Titisee 115
  Villingen-Schwenningen 102
  Wolfach 93
Triberg 78 ff.
Triberger Wasserfälle 88

Villingen-Schwenningen 96 ff.

Wanderhütten Baiersbronn 50 f.
Wieden 148
Wiesental 137
Wildnispfad 20
Wolfach 79
Wutachschlucht 124

STELL- UND CAMPINGPLÄTZE

Camping Bankenhof Hinterzarten 117
Camping Freiburg am Möslepark 164
Camping Hochschwarzwald, Todtnau 142
Camping Kirchzarten 165
Camping Münstertal 150
Camping Schluchsee 130
Campingplatz Ebersbronn 24
Campingplatz Grässelmühle 36
Campingplatz Murhof 46
Lynx Camp & Camping, Schönwald 95
Natur-Camp Tannenfels 60
Naturcamping Bad Dürrheim 103
Naturcamping Langenwald 76
Reisemobilhafen Bad Dürrheim 103
Reisemobilstellplatz an den Heilquellen, Bad Peterstal 77
Terrassencamping Sandbank Titisee-Neustadt 116
Trendcamping Wolfach 95
WoMoStellpl. Am Rappenfelsen Forbach 25
WoMoStellpl. Baiersbronn Dorfsägemühle 61
WoMoStellpl. Feldberg 143
WoMoStellpl. Hotel Zuflucht 47
WoMoStellpl. Innerlehen, Bernau 131
WoMoStellpl. Sasbachwalden 37
WoMoStellpl. Schönau im Schwarzwald 151

IMPRESSUM

Verantwortlich: Kerstin Thiele
Lektorat: Daniela Hansjakob/
Maren Langendorff
Layout- und Umschlaggestaltung:
Helene Schumacher
Satz: Silke Schüler
Repro: LUDWIG:media
Kartografie: Huber Kartografie
Herstellung: Anna Katavic

Printed in Slovenia by Florjancic

Unser komplettes Programm finden Sie unter www.bruckmann.de

Sind Sie mit diesem Titel zufrieden? Dann würden wir uns über Ihre Weiterempfehlung freuen. Erzählen Sie es im Freundeskreis, berichten Sie Ihrem Buchhändler, oder bewerten Sie bei Onlinekauf. Und wenn Sie Kritik, Korrekturen, Aktualisierungen haben, freuen wir uns über Ihre Nachricht an Bruckmann Verlag, Postfach 40 02 09, D-80702 München oder per E-Mail an lektorat@verlagshaus.de.

Alle Angaben dieses Werkes wurde von der Autorin sorgfältig recherchiert und auf den neuesten Stand gebracht sowie vom Verlag geprüft. Für die Richtigkeit der Angaben kann jedoch keine Haftung übernommen werden, weshalb die Nutzung auf eigene Gefahr erfolgt. Insbesondere bei GPS-Daten können Abweichungen nicht ausgeschlossen werden. Sollte dieses Werk Links auf Webseiten Dritter enthalten, so machen wir uns die Inhalte nicht zu eigen und übernehmen für die Inhalte keine Haftung.

In diesem Buch wird aus Gründen der besseren Lesbarkeit das generische Maskulinum verwendet. Weibliche und anderweitige Geschlechteridentitäten werden dabei ausdrücklich mitgemeint, soweit es für die Aussage erforderlich ist.

Bildnachweis: Alle Bilder im Innenteil und auf der Umschlagrückseite stammen von der Autorin. S. 13 li.: S. Nieselt/Schwarzwald Tourismus,; S. 38 re.: Nationalpark Schwarzwald; S. 54 re.: Hotel Barreis; S. 107 Badeparadies Schwarzwald; S. 114 li.: Hochschwarzwald Tourismus GmbH; S. 125 li.: Bernd Neugebauer; S. 127 shutterstock/travelpeter; S. 156 re.: Achim Mende/Schwarzwald Tourismus, Illustrationen: Shutterstock/Tiwat K: passim.

Umschlagvorderseite: shutterstock/travelpeter
Umschlagrückseite: Blick auf Sasbachwalden vom Aussichtspunkt »Augenblick«

Die Deutsche Nationalbibliothek verzeichnet diese Publikation in der Deutschen Nationalbibliografie; detaillierte bibliografische Daten sind im Internet über http://dnb.d-nb.de abrufbar.

2. aktualisierte Auflage

ISBN 978-3-7343-2044-6